||| || | ||||||| ||||||| ||| ||| |||
D1618921

Dipl.-Ing. Frank Wiesner
Gabriele-Münter-Str. 13
28816 Stuhr
Tel. (0421) 87 18 94-22 Fax -23

Ruth Enzler Denzler **Keine Angst vor Montagmorgen**

Ruth Enzler Denzler

Keine Angst vor Montagmorgen

Gelassen in die neue Arbeitswoche

Mit einem Vorwort von Daniel Hell

orell füssli Verlag AG

Autorenwebsite: www.psylance.ch

© 2011 Orell Füssli Verlag AG, Zürich
www.ofv.ch
Alle Rechte vorbehalten

Dieses Werk ist urheberrechtlich geschützt. Dadurch begründete Rechte, insbesondere der Übersetzung, sind auch im Einzelfall nur in den Grenzen der gesetzlichen Bestimmungen des Urheberrechtsgesetzes in der jeweils geltenden Fassung zulässig. Sie sind grundsätzlich vergütungspflichtig.

Redaktionelle Bearbeitung: Dörthe Binkert
Umschlagabbildung: © iStockphoto.com (dlrz4114)
Umschlaggestaltung: Andreas Zollinger, Zürich
Druck: fgb • freiburger graphische betriebe, Freiburg

ISBN: 978-3-280-05415-4

Bibliografische Information der Deutschen Nationalbibliothek: Die Deutsche Nationalbibliothek verzeichnet diese Publikation in der Deutschen Nationalbibliografie; detaillierte bibliografische Daten sind im Internet über http://dnb.d-nb.de abrufbar.

Inhalt

Vorwort von Daniel Hell 9
Vorwort der Autorin: Was will dieses Buch? 13
Einführung: Angst – unser hilfreicher Lebensbegleiter . 16

Teil I

Die ganz normalen Ängste im Berufsalltag

Kapitel 1

«Ich verstehe nur Bahnhof …»
Der Einstieg ins Berufsleben: Reto A. erzählt seine
Geschichte 22

Kapitel 2

«Meine Ellbogen sind nicht spitz genug …»
Die ständige Konkurrenzsituation: Andrea K. erzählt
ihre Geschichte 32

Kapitel 3

Der Aufstieg auf der Karriereleiter:
«Ich drehe mich wie in einem Hamsterrad …»
Carmen B. erzählt ihre Geschichte 37

Kapitel 4

«An meinem Stuhlbein wird täglich gesägt ...»
Der mögliche Fall von der obersten Sprosse: Marco S.
erzählt seine Geschichte 47

Kapitel 5

«Schlechte Laune am Sonntagabend ...»
Caroline W. beschreibt ihr Leben von Wochenende
zu Wochenende. 58

Teil II

Die eigenen Ängste verstehen und erfolgreich damit leben

Kapitel 1

Die Angst gehört zum Menschen 68

Kapitel 2

Persönlichkeitstest: Welcher Angsttyp bin ich? 72

Kapitel 3

Welche Lebensthemen gibt es? 80
   1. Streben nach sozialem Anschluss und Zugehörigkeit. 81
   2. Streben nach Veränderung. 82
   3. Streben nach Macht. 83

Kapitel 4

Nicht jeder Mensch hat die gleichen Ängste: Die drei
Persönlichkeitstypen und ihre spezifischen Ängste 86
   *1. Der soziale Typ und seine Angst, ausgeschlossen
   zu werden* 89
   2. Der Erkenntnistyp und seine Angst vor Stillstand. . 93
   *3. Der Ordnungsstrukturtyp und seine Angst vor
   Gewöhnlich-Sein* 100

Kapitel 5

Das Wichtigste in Kürze 109

Teil III

**Wenn die schlaflosen Nächte überhandnehmen:
Vier Strategien, um schwierige Situationen zu bewältigen**

Kapitel 1

Erste Strategie: Körperliche Symptome erkennen und
wahrnehmen 116

Kapitel 2

Zweite Strategie: Sonntagabendblues vermeiden und die
eigenen Gefühle ernst nehmen 125

Kapitel 3

Dritte Strategie: Rechtzeitig handeln 137
   1. Aufbau eines Hilfsnetzes 137

    2. *Therapeutische Begleitung: Psychologe oder Psychiater?* 151
    3. *Auszeit: Ja oder nein?* 156
    4. *Jobwechsel: Ja oder nein?* 159

Kapitel 4

Vierte Strategie: Ressourcen aufbauen und psychologische Strategien passend zum jeweiligen Angsttypus anwenden. 162

    1. *Bewältigungsstrategie für den sozialen Typ: Unterscheide Berufs- und Privatleben und grenze dich ab!* 162
    2. *Bewältigungsstrategie für den Erkenntnistyp: Bewahre deine Autonomie und habe mehrere Standbeine im Leben!* 167
    3. *Bewältigungsstrategie für den Ordnungsstrukturtyp: Erkenne und stabilisiere deinen Selbstwert!* 171

Kapitel 5

Das Wichtigste in Kürze 178
Literatur 183
Adressen und Links 187
Zur Autorin 188

Vorwort von Daniel Hell

Die Sozialwissenschaftler sind sich weitgehend einig: Der soziale Strukturwandel der letzten Jahrzehnte hat das Leben und das Selbstverständnis breiter Bevölkerungsschichten in den hoch technisierten Ländern tief greifend verändert. Immer mehr Menschen sind mit einem immer schnelleren Wandel von Arbeit und Umweltbedingungen konfrontiert. Für viele wird es schwieriger, ein Gleichgewicht von Stressbelastung und Stressbewältigung zu finden.

Schon heranwachsende Kinder und Jugendliche stehen in Schule und Ausbildung unter einem anwachsenden Leistungsdruck. Dazu trägt auch bei, dass das Prüfungs- und Evaluationswesen an Schulen und Universitäten ausgebaut worden ist. Effizienz wird schon im jüngeren Alter großgeschrieben. Im Erwerbsleben der Erwachsenen nimmt dieser Trend noch zu. Am Arbeitsplatz sind nicht mehr in erster Linie Treue und Konstanz gefragt, sondern Produktivität, Flexibilität und Mobilität. Umstrukturierungen und Deregulierungen auf dem Arbeitsmarkt müssen gemeistert werden.

Auch das Privatleben ist einem tief greifenden Wandel unterworfen, sowohl hinsichtlich der Beziehungskonstanz wie den

Normen des Zusammenlebens. Nicht wenige Menschen suchen deshalb nach anderen, etwa spirituellen Haltepunkten, ohne dass sie immer fündig werden. Die zunehmende Erosion traditioneller Lebenskonzepte schafft zwar neue Möglichkeiten der Selbstgestaltung, hat aber auch einen Verlust an Verwurzelung zur Folge. Die «Flüchtigkeit der Moderne» macht es den Menschen schwerer, eine eigene Identität zu entwickeln. Die Auseinandersetzung mit der Frage «Wer bin ich eigentlich?» findet oft bis ins hohe Alter kein Ende.

Nach Habermas fördert die spätmoderne Entwicklung bei den betroffenen Menschen eine «zweideutige Erfahrung». Der Mensch wird im gleichen Maße sowohl aus stützenden bzw. sicherheitsgebenden Verhältnissen wie auch aus eingrenzenden oder Zwangsstrukturen freigesetzt. Er ist weniger gebunden, dafür verletzbarer. Oder in den Worten von Habermas: «Die Entbindung aus einer stärker integrierten Lebenswelt entlässt die Einzelnen in die Ambivalenz wachsender Optionsspielräume. Sie öffnet ihnen die Augen und erhöht zugleich das Risiko, Fehler zu machen.»

Diese holzschnittartig gezeichnete Situation lässt verstehen, dass Angst zu einem Thema wird, das immer mehr Menschen umtreibt. Je mehr Menschen ihr Leben als «Selbstunternehmung» sehen, desto mehr wächst auch das Bewusstsein, scheitern zu können. Das Risiko des Scheiterns weckt Angst vor Beschämungen, aber auch Angst, im Leben allein dazustehen oder die gesellschaftliche Anerkennung zu verlieren.

Weil immer mehr Menschen von solchen und ähnlichen Ängsten umgetrieben werden, wäre es fatal, die Augen davor zu verschließen und eine Vogel-Strauß-Politik zu betreiben. Es wäre auch völlig deplatziert, Menschen in überwältigenden Angstzuständen sich selber zu überlassen. Was vielmehr Not tut, ist nach Wegen zu suchen, die es den Menschen ermöglichen, mit Verunsicherung und Angst besser umzugehen. Nur so kann der Angstspirale entgegengewirkt werden, und nur so kann ein weiterer Anstieg von Angststörungen, die Behandlung brauchen, gestoppt werden.

Genau hier setzt das Buch von Ruth Enzler Denzler ein. Es nimmt die Angst ernst und versteht sie als ein menschliches Grundphänomen. Tatsächlich fehlt Menschen ohne Angst ein Signal, das vor Gefahren warnt. Wer keine Angst erleben kann, scheut kein Risiko und setzt sich mitunter auch tödlichen Gefahren aus.

Angst hat viele Gesichter. Ruth Enzler Denzler wählt drei besonders wichtige Formen aus, zu deren Charakterisierung sie selber wissenschaftlich beigetragen hat. Es gelingt ihr, diese spezifischen Angsttypen in äußerst anschaulichen Beispielen verständlich zu machen, ohne zu viel an Theorie bemühen zu müssen. Die Darstellung dieser Idealtypen dient der Autorin als Ausgangspunkt, spezifische Strategien aufzuzeigen, wie man Angst machende Situationen je nach Persönlichkeit besser meistern kann. Auch bei der Darstellung dieser Stressbewältigung kann Ruth Enzler Denzler auf Fallbeispiele aus der eigenen Praxis zurückgreifen, die das Vorgehen prägnant illustrieren.

Es ist gerade der Erfahrungsschatz, den Ruth Enzler Denzler in der eigenen psychologischen Praxistätigkeit gewonnen hat, der das Buch so reich und lebendig macht. Erfahrung allein genügt aber nicht. Hinter diesem Buch steht auch eine langjährige fachlich-wissenschaftliche Auseinandersetzung mit der Thematik und die sorgfältige Durchführung eigener Studien. Auch wenn die Autorin davon kein Aufheben macht, bildet gerade diese große Fachkompetenz die tragende Basis dieses Buches.

Das vorliegende Werk ist ein Glücksfall. Es kommt gerade zur rechten Zeit. Immer mehr Menschen brauchen Hilfe zur Selbsthilfe, nämlich Hilfe dazu, wie sie mit ihren Ängsten und Nöten besser umgehen können. Ich wünsche diesem schönen und wichtigen Buch von Ruth Enzler Denzler viele interessierte Leserinnen und Leser. Ich wünsche aber auch den Leserinnen und Lesern, dass sie vom Fachwissen und der Erfahrung der Autorin so profitieren, dass ihr Alltag leichter und erfüllter wird.

Daniel Hell
Professor em. für Klinische Psychologie
Leiter Kompetenzzentrum Angst und Depression der Privatklinik Hohenegg, im Oktober 2010

Vorwort der Autorin: Was will dieses Buch?

Schwierige Situationen gehören zum beruflichen Alltag. Manche davon geben uns Anlass zur Sorge und führen zu schlaflosen Nächten. Manchmal wird der Sonntagabend zur Qual, weil der Gedanke an die folgende Arbeitswoche unerträglich scheint. Das Ende des Wochenendes wird zum Ende einer zwangsfreien Zeit; mit dem Montag steht die neue Woche wieder mit allen Sorgen, Einengungen und ungelösten Situationen wie eine undurchdringliche Wand vor uns. Ein erstes untrügliches Signal also, dass etwas im Leben nicht ganz stimmt. Die Gedanken beginnen unwillkürlich zu kreisen: Schaffe ich den Berufseinstieg? Habe ich bei dem anstehenden Problem die richtige Entscheidung getroffen? Wieso wird mein Kollege befördert und nicht ich? Wie bringe ich meinem Chef eine unangenehme Botschaft bei? Welchen Mitarbeitern kann ich mich anvertrauen? Wie sicher ist mein Job? Ist ein Berufswechsel in meinem Alter noch möglich? Wird meine Familie mich noch akzeptieren, wenn ich einen beruflichen Neuanfang wage? Was bleibt mir noch, wenn ich im Beruf meine Leistung nicht bringen kann, wenn ich versage? Auf solche inneren Nöte reagiert jeder Mensch anders. Einige vermögen die Bedenken wegzuschieben, und bei vielen ist schon am Montagmittag der Blues vom Sonntagabend vorbei. Man hat sich bereits wieder eingefügt, ist eingetaucht in das Unabdingbare, in das, was nicht veränderbar scheint. Die einen verstehen es, sich abzulenken, andere gehen neue Wege und verändern dabei vielleicht ihre bisherigen Ansprüche. Sie kündigen und nehmen dabei unter Umständen eine Lohnreduktion in Kauf oder versuchen, sich auch während der Arbeit Freiräume zu schaffen. Andere wiederum brüten nächtelang über einem Problem in der Hoffnung, eine Lösung zu finden. Vor allem in der Nacht zum Montag nehmen sie Schlafmittel, um wenigstens ein paar Stunden durchschlafen zu können und um einige Stunden keine quälenden Gedanken zu haben. Oft steht die Angst am Anfang von psychischen und physischen Symptomen. Ängste können langfristig in eine Erschöpfung und in die Depressivität bzw. in einen Burnout führen. Deshalb ist es wichtig, dass der Betroffene frühzeitig körperliche und psychische Symptome erkennt, seine Gefühle, die sich häufig zuerst in einem Sonntagabendblues äußern, ernst nimmt und handelt. Sei es, dass er einen Coach aufsucht, sich Entspannungstechniken aneignet, medizinische Hilfe in Anspruch nimmt, eine Auszeit beantragt oder den Job wechselt.

Das vorliegende Buch beschreibt die ganz normalen schwierigen Situationen im Beruf, die Sorgen machen oder Angst auslösen können. Es gibt Hilfestellungen, falls schlaflose Nächte überhandnehmen und in eine Erschöpfung münden. Geschichten von verschiedenen Personen sollen zeigen, wie unterschiedlich Betroffene auf belastende berufliche Situationen reagieren und entsprechend auch verschiedene Strategien entwickeln, um mit ihnen umzugehen. Welche beruflichen Probleme stark belasten oder Angst auslösen und wie sie bewältigt werden, ist mitunter vom Charaktertyp eines Menschen abhängig. Ich unterscheide drei unterschiedliche Persönlichkeitstypen und drei zugehörige Grundthemen der Angst. Dank konkreter Beispiele und mit Hilfe eines Fragebogens hat der Leser die Möglichkeit, sich einem der beschriebenen Charaktertypen zuzuordnen. Damit ist es für ihn einfacher zu begreifen, welche konkreten Themen ihn ängstigen und wie er entsprechend seinem Persönlichkeitstypus mit diesen konstruktiv umgehen kann. Diese Einsicht führt zu einem erfolgreichen Umgang mit belastenden Situationen, was dem beruflichen Erfolg und der Gesundheit auf lange Sicht förderlich ist.

An dieser Stelle möchte ich mich bei meinem Doktorvater Prof. Dr. Daniel Hell bedanken. Er hat mich auf die spannende Thematik der Angst aufmerksam gemacht und mich nach einigen fruchtbaren Diskussionen motiviert, dieses Buch zu schreiben. Speziell freut es mich, dass er sich nach der Fertigstellung des Manuskripts bereit erklärt hat, ein Vorwort für dieses Buch zu verfassen.

Zürich, im Herbst 2010, Ruth Enzler Denzler

Einführung: Angst – unser hilfreicher Lebensbegleiter

Angst ist ein Gefühl bzw. eine Emotion. Der Mensch kennt unterschiedliche Gefühle, die er teilweise als angenehm oder unangenehm bewertet. Die Bewertung der Emotionen erfolgt allerdings erst im Laufe des Lebens. Ursprünglich sind sie neutral und nicht bewertbar, denn sie sind dem Menschen angeboren und bestehen längst bevor die Sprache und die Vernunft ausgebildet sind. Was uns angeboren ist, ist zum Überleben wichtig und kann daher im Grunde nicht als gut oder schlecht angesehen werden. Emotion bedeutet, dass wir etwas erleben und das Erlebte gleichzeitig mit Mimik, Gestik und dem gesamten Körper zum Ausdruck bringen. Die Erlebnisse, die wir haben, verknüpfen wir emotional und speichern sie in einem spezifischen Gehirnteil, im Mittelhirn, oberhalb des Stammhirns. Dieser Prozess funktioniert bei Tieren genau gleich. Auch bei ihnen ist der Gehirnteil für Emotionen, das limbische System, gut ausgebildet. Im Laufe eines Menschenlebens kommen immer mehr und differenziertere Emotionen dazu. Wir lernen zu sprechen und können die Emotionen benennen. Zudem erwerben wir die Fähigkeit, Mimik, Gestik und Tonlage bei unserem Gegenüber immer besser zu interpretieren. Alle Emotionen lassen sich auf etwa fünf dem Menschen angeborene Basisemotionen zurückführen. Es sind dies Angst, Wut, Freude, Ekel und Trauer. Ein Kind zeigt von Geburt an Ekel und Trauer, schon nach zwei Monaten Freude, nach etwa sieben Monaten Wut und rund nach acht Monaten Angst. Der Säugling ist mit einer Bereitschaft ausgestattet, Gefühle auszudrücken, um mit anderen Personen zu kommunizieren. Da er die Sprache noch nicht beherrscht, ist dies seine einzige Möglichkeit, um sich bemerkbar zu machen. Dies ist für sein Überleben hilfreich. Sich vor verschimmelten Esswaren zu ekeln, kann überlebenswichtig sein. Ebenso ist Trauer zu zeigen zunächst wichtiger als Freude. Der Schutzinstinkt der Mutter setzt bei Trauer viel rascher ein, sie entwickelt ein Gespür, was das Baby dringend braucht, um es zu beruhigen. Angst zu empfinden ist vor allem dann nützlich, wenn das Baby beginnt, seinen Raum zu erkunden und mobil zu werden. Emotionen zeigen zu können ist also von einer existenziellen Wichtigkeit. Mit dem Erwachsenwerden und aufgrund unserer Erziehung lernen wir, die verschiedenen Emotionen zu bewerten, sie als angenehm oder unangenehm zu empfinden und sie über das sich langsam ausbildende Frontalhirn zu kontrollieren. Trauer beispielsweise ist uns peinlich und löst Scham aus, insbesondere bei Männern. «Ein Kerl weint nicht!» Angst haben nur Hasenfüße, heißt es. Also wird Angst als «schlechte» Emotion gesehen, die es zu unterdrücken gilt. So habe ich auch beim Schreiben dieses Buches lange überlegt, ob ich den Begriff «Angst» überhaupt verwenden soll. Ich habe mich dann entschlossen, ohne Angst von Angst zu reden. Wie ich am Anfang ausgeführt habe, gehört die Emotion Angst wie alle anderen Emotionen unabdingbar zum Leben. Ähnlich wie jedes Organ für das

Funktionieren des Körpers wichtig ist. Ist Ihnen das Herz wichtiger als die Lunge? Ihre Leber schlechter als die Niere? Gehören nicht auch die Gefühle zu uns, so wie auch alle Organe zu uns gehören? Für einen Menschen ist es entlastend, wenn er nach einem großen Verlust Trauer empfinden kann. Nur so kann er diesen überwinden. Dank der Trauer – zum Beispiel beim Tod eines Angehörigen – können wir Abschied nehmen, etwas Neues darf beginnen. Auch die Wut ist wertvoll, weil sie uns Kraft zum Vorwärtsgehen gibt. Und so stellt die Angst gar den Grundmotor des Lebens dar. Aus ihr schöpfen wir unsere Motivation und Freude zum Leben! Die Angst treibt uns an, vor der Gefahr zu fliehen und uns in Sicherheit zu bringen. Wir werden angetrieben, uns dort aufzuhalten, wo uns wohl ist und wo wir uns sicher fühlen. Die Angst selbst gibt uns auch die Kraft für den Kampf, um die Angstsituation zu bewältigen. Der Familienvater einer fünfköpfigen Familie wird vielleicht frühzeitig eine Zusatzausbildung machen, weil er seine Chancen auf dem Arbeitsmarkt verbessern will. Seinen jetzigen Job als Finanzanalyst erachtet er unter Umständen als gefährdet und seine Existenz langfristig nicht als gesichert. Also hat er sich entschlossen, einen Master in Wirtschaftsrecht zu machen. Die Angst kann also durchaus als positiver Motor gesehen werden, um sich weiterzuentwickeln, um beruflich vorwärtszukommen, um sich den Herausforderungen des Lebens zu stellen. Franz Humer, Verwaltungsratspräsident der Roche, sagte in einem Interview mit der «SonntagsZeitung» am 24. Januar 2010 auf die Frage, ob er Angst kenne: «Ganz klar, damit habe ich kein Problem. Wer behauptet, keine Ängste zu haben, der lügt oder strotzt vor Dummheit. Wichtig ist, dass man lernt, Ängste zu managen, sonst machen sie krank.» Franz Humer hätte mir kein besseres Motto für dieses Buch geben können. Die Angst ist nicht das Problem, sondern der Umgang damit! Packen wir es also an und sehen den Ängsten ins Auge. Schauen wir, wo sie sich verstecken und wie wir lernen können, mit ihnen so umzugehen, dass wir gesund bleiben.

Menschen mögen Geschichten. Aus diesem Grund habe ich mich entschlossen, einige konkrete, alltägliche Ängste im Beruf herauszugreifen und dem Leser die davon betroffenen Personen aufgrund ihres Verhaltens näherzubringen.

Teil I

Die ganz normalen Ängste im Berufsalltag

Kapitel 1

«Ich verstehe nur Bahnhof ...»

Der Einstieg ins Berufsleben: Reto A. erzählt seine Geschichte

Reto A. (25) hat Betriebswirtschaft an der Universität St. Gallen studiert und einen Ausbildungslehrgang für Hochschulabsolventen bei einem Versicherungskonzern angefangen. Die ersten Tage am Arbeitsplatz waren «easy», wie er sagt. Vorstellungsrunde, Führung durch das Firmengebäude, vertraut werden mit den Sicherheitsbestimmungen, Ergänzen der Personalakten, Erstellen eines Badges und Erhalt eines Passwortes. Zum Zeitpunkt des Interviews arbeitet Reto seit gut zwei Monaten als Trainee. Auf die Frage, wie er sich fühlt, sagt Reto: «Na ja, ich beobachte die Leute und die Hektik rund um mich. Dann fühle ich mich gelähmt, weil ich vermutlich noch sehr lange brauchen werde, um die Dossiers und Formulare richtig zu bearbeiten. Ich kann den Leuten hier noch gar nicht so zur Hand gehen, wie ich es gerne möchte. Ich brauche viel Zeit, um nur schon ein Sitzungszimmer zu reservieren. Ich weiß manchmal nicht recht, welches man nehmen darf und welches einzig für den Verwaltungsrat bestimmt ist. Da habe ich mir schon ziemliche ‹faux pas› geleistet und die Sekretärin des CEOs wütend gemacht, weil ich für eine interne Sitzung das große Verwaltungsratssitzungszimmer erwischt und dazu noch Mineralwasser bestellt habe. Ich habe offenbar zwei linke Hände. Ich komme mir elend vor, weil ich solche banalen Nebensächlichkeiten nicht weiß, von der Organisation und den Abläufen ganz abgesehen. Schwer, da einen Durchblick zu bekommen. Außerdem haben die Leute hier einen Betriebsjargon, den ich gar nicht richtig verstehe. Also wohl bemerkt, ich spreche gut Englisch und Deutsch natürlich sowieso, trotzdem verstehe ich nur Bahnhof. Wenn die mir mitteilen wollen, dass ich sowohl auf die Kundeninteressen als auch auf den Gewinnanteil der Abteilung achten und die Kundendaten in einem entsprechenden System erfassen soll, klingt das zum Beispiel so: ‹Bei der Kundenberatung musst du unbedingt darauf achten, dass die Produkte suitable to the client sind. Aber achte auch auf die Generating Evidence unserer Abteilung. Die elektronische Erfassung der Kundendaten erfolgt im Workbench und im KAIROS.› Soll ich ein Meeting besonders gut vorbereiten, was bedeutet, dass alle wichtigen Personen involviert und über den Inhalt gut informiert werden sollen, damit die Meinungsbildung zum Schluss reibungslos verlaufen kann, dann heißt es: ‹Heute wäre ich froh, du könntest das pre pre Meeting vorbereiten und alle beteiligten Stellen, inklusive die Risk Functions und andere Neinsager, abholen. Die haben eine huge hidden agenda, die es zu berücksichtigen gilt. Wenn aber alle gebrieft und abgeholt sind, haben wir es im pre Meeting einfacher und können das Meeting mittels Electronical Voting durchführen und sogar auf einer Short Response Time bestehen. Wenn du Fragen hast, no problem, approach us oder auch andere Abteilungen, doch be aware oft the Interface Management! Ich bin jetzt außer Haus, ich habe einen Pitch.› Immerhin, sie haben stets ein offenes Ohr für meine Fragen, auch wenn sie selten im Büro, sondern sehr häufig auswärts bei einer Kundenbesprechung oder auf einer Akquisitionstour sind, was sie neuerdings Pitch nennen. Natürlich ist ihnen nicht bewusst, dass ein Neuling wie ich fast keine Chance hat, diese Sprache auf Anhieb zu verstehen. Sie kennen die Tools, die Abläufe, und haben diese innerbetriebskulturelle Sprache in den letzten Jahren gelernt. Ich bin schon froh, wenn ich das richtige Sitzungszimmer im Gebäude HGB02 finde, mir einige Namen von Teammitgliedern merken und den Kopierer einwandfrei bedienen kann. Ich frage mich, ob ich da je durchblicken werde. Das kann sich keiner vorstellen, was für Überlegungen ich anstelle, wenn ich eine E-Mail verschicke. Wer kriegt eine Kopie davon? Was bedeutet es, wenn ich diesem Abteilungsleiter eine Kopie schicke und einem anderen nicht? Welche Sprache verwende ich, wenn ich von einer anderen Abteilung Unterlagen einfordern muss? Ich habe das Gefühl, dass diese Welt hier nur aus Fettnäpfen besteht. Diese zu umschiffen heißt hier übrigens ‹Interface Management›. Manchmal denke ich auch, dass aller Anfang schwer ist und dass andere auch mal ganz vorn begonnen haben. Doch diese tröstenden Worte nützen mir wenig. Ich habe das Gefühl, begriffsstutzig zu sein und vergesse viele Informationen sofort wieder. Heute stand ich am Bancomat und wusste meinen eigenen Pin-Code nicht mehr. Da dachte ich, dass jetzt endgültig mit meinem Gehirn was nicht mehr stimmt. Manchmal finde ich, dass ich mich mit enorm viel Administration herumschlagen muss. Ich frage mich dann, wofür ich eigentlich studiert habe. Mir geht viel durch den Kopf. Ich mache mir einerseits Sorgen, dass ich es hier nicht packen werde, weil ich nach zwei Monaten noch nicht mal die einfachsten administrativen Abläufe intus habe. Andererseits denke ich dann aber wieder, dass ich mein Studium gar nicht anwenden kann. Das stimmt mich missmutig. Mit den anderen Teilnehmern in diesem Ausbildungsprogramm traue ich mich nicht recht, über meine Sorgen zu sprechen. Die sehen so vergnügt aus. Ich glaube, denen geht alles leichter von der Hand. Markus zum Beispiel, der findet alles super toll und großartig. Dauernd hat er einen Witz auf der Zunge, sein Humor scheint ungebrochen. Sein Team sei hilfsbereit, und er hätte schon viele Fälle ansehen und komplexe Sachfragen bearbeiten können. Es beunruhigt mich, Liliane zu sehen, die immer so strahlt und mich per Mail zum Mittagessen einlädt. ‹Kann nur short zum Lunch, freue mich auf kontakten. 12.20h Star-Bar?› Bei Liliane geht es schon so weit, dass sie keine ganzen Sätze mehr machen kann. Die Zeit scheint ihr zu knapp dafür. Nach einer halben Stunde Mittagspause muss sie denn auch wieder weg, wegen ‹huge backlog›! Sie sagt, dass ich sie aber jederzeit ‹approachen› könne. Blackberry und Outlook sind immer up to date, und am Freitag habe sie ihren ‹office-day›. So denke ich, dass ich wohl der einzige von den Trainees bin, der stark verunsichert ist. Ich habe mich auf den Berufseinstieg gefreut und war stolz, dass ich bei einem multinationalen Konzern arbeiten kann. Nun erlebe ich gerade eine kalte Dusche und bin ernüchtert! Besonders groß werden meine Sorgen jeweils am Sonntagabend. Übers Wochenende unternehme ich meist viel mit meinen Freunden und meiner Familie und kann das Büro gut vergessen. Doch dann, so gegen fünf Uhr am Sonntagnachmittag, da kommt es wie eine Welle über mich und ich denke an den Montag. Dann kommt mir alles in den Sinn. Die etwas einfältige Arbeit, die Ungewissheit und Unsicherheit, ob ich es dort schaffe. Ich habe Angst, dass meine übereifrigen Traineekolleginnen und -kollegen sich im Beruf viel besser machen als ich. Die Arbeitswelt ist für mich eine völlig andere Welt als jene, die ich an Wochenenden und in den Ferien vorfinde. Sie ist für mich fremd, sie funktioniert nach anderen Regeln und Mustern. Ich bin da nicht ganz mich selber. Der Sprung über diese Grenze, von der privaten in die berufliche Welt, macht mir am meisten Mühe. Die Vorstellung, dass ich ab Montag wieder ein anderer bin und mich nach fremden Regeln und Handlungsmustern richten muss, löst bei mir ein dumpfes, ungutes Gefühl aus. Ich fühle mich von einem Moment zum anderen niedergeschlagen, deprimiert und lustlos. Der Rollenwechsel vom Privatmenschen Reto zum Berufsmann Reto ist für mich sehr unangenehm. Die Vorstellung ist aber schlimmer als die Realität. Denn am Montagmorgen stehe ich zwar noch mit einem unguten Gefühl auf, doch kaum am Arbeitsplatz eingetroffen, gehen die schlechten Gefühle weg. Ich kann nicht sagen, dass sie guten oder euphorischen Gefühlen weichen, doch ich empfinde weder Lustlosigkeit noch Deprimiertheit. Ich bin einfach da und mache meinen Job, weitgehend ohne Emotionen. Am Dienstag habe ich mich dann definitiv an meine Rolle gewöhnt, sehne mich aber schon stark nach dem Wochenende. Am Freitagmorgen bin ich in der Regel in bester Stimmung und in großer Vorfreude auf das Wochenende – den Freitag erlebe ich im wahrsten Sinne des Wortes als befreiend!»

Schock beim Berufseinstieg: Schlussfolgerungen
Reto verhehlt seine Ängste nicht. Er beschreibt sie sehr klar: Er findet sich im Moment in seinem neuen Umfeld nicht zurecht. Er hat Angst, «das alles nicht packen zu können». Er meint damit, dass er vielleicht langsamer oder begriffsstutziger sein könnte als die anderen Mitarbeitenden. Aus dem Verhalten der anderen Trainees, seiner Peergroup, schließt er, dass diese ihm einen großen Schritt voraus sind. Sie haben sich die betriebseigene Sprache und dort übliche Arbeitsweise anscheinend schon angeeignet und werden bereits mit komplexeren Arbeiten als er betraut. Er sieht sich als Schlusslicht, als einen, der sich noch mit dem Kopierer und der Sitzungszimmerorganisation abmüht und zwei linke Hände hat bzw. sich ungeschickt anstellt. «Bin ich hier zu gebrauchen? Kann ich in diesem Umfeld bestehen? Kann ich für mein Team je nützlich werden?» Dies sind die Fragen, die sich Reto stellt und die Zweifel an seinem Selbstwert hervorrufen. Gleichzeitig ist er sich seiner Ausbildung bewusst und fragt sich, ob er am richtigen Ort ist. «Habe ich für diese Arbeit ein Studium machen müssen? Kann ich mein Wissen genügend einbringen?» Reto hegt auch Zweifel darüber, ob er den richtigen Job, nämlich einen, der ihn längerfristig herausfordern wird, gewählt hat. Er befindet sich in einem Spannungsfeld zwischen «ich kann nichts» und «ich kann viel mehr, als ich hier brauchen kann». Gleichzeitig sieht er seine Peers, wie sie fröhlich und scheinbar unbeschwert den Berufseinstieg meistern. Reto fühlt sich weder zum Team noch zu seinen Peers zugehörig. Reto hat Angst zu versagen, nicht zum Team oder zu seinen Peers zu gehören, und er hat Angst, dass sein Wissen nicht von Bedeutung ist und weder angewendet noch weiterentwickelt

werden kann. Reto ist im Stress. Das zeigt sich auch darin, dass er befürchtet, sein Gehirn funktioniere nicht mehr richtig.

In der Tat ist es ein sehr typisches Anzeichen für Stress, wenn wir auffallend unkonzentriert und vergesslich sind. Auf Reto wirken so viele neue Erlebnisse ein, dass seine intellektuelle Aufnahme- und Abrufkapazität kurzfristig eingeschränkt sind. Berufseinsteiger, gerade nach dem Studium, stehen häufig regelrecht unter Schock. Sie haben zwar einen Universitätsabschluss, bewegen sich jedoch in einer Welt, wo sie ihr Wissen anfänglich gar nicht direkt gebrauchen können. Im Gegenteil, es kann im Umgang mit anderen sogar eher hinderlich sein. Denn nicht selten werden Berufseinsteiger, die frisch von der Universität kommen, in der Praxis als etwas unpraktische Theoretiker belächelt. Sie kommen aus dem geschützten Raum der Uni und sehen sich mit einer komplett anders funktionierenden Welt und Kultur konfrontiert. Sie sind mit etwa Mitte zwanzig schon erwachsen, können aber in der Berufswelt auf keine nennenswerten Erfahrungen zurückgreifen. Sie geben sich mit Dingen ab, die sie eigentlich unterfordern (Sitzungszimmer reservieren, Einträge im Computer erledigen), sind damit jedoch fast überfordert, weil viele der Abkürzungen, Weisungen, Regelungen und die informellen und formellen Strukturen des Betriebs ihnen noch fremd sind.

Nun gibt es verschiedene Strategien, wie junge Berufseinsteiger mit dieser Situation umgehen. Reto zum Beispiel steht im Interview offen zu seinen Ängsten und hat die Gelegenheit wahrgenommen, mit neutralen Personen darüber zu sprechen. Er hat von mir erfahren, dass diese Situation für Berufseinsteiger normal ist. Nach einem harten und zwei weiteren schwierigen Monaten wird sich seine Situation entschärft haben, weil er sich dann eingelebt und an vieles schon gewöhnt haben wird. Einiges wird sogar schon Routine geworden sein. Die Überforderung wird auf jeden Fall abnehmen, und er wird sehen, dass er mit den anderen Trainees und auch mit den Mitgliedern seines Teams mithalten kann. Ob er es allerdings aushalten wird, dass das im Studium Gelernte nicht unmittelbar zur Anwendung und Weiterentwicklung kommt, das hängt von seiner Persönlichkeit ab.

Liliane und Markus haben wohl eher die Strategie gewählt, sich nichts anmerken zu lassen. Auch sie werden mit der neuen Situation ähnlich konfrontiert sein wie Reto. Liliane hat sich offenbar reingehängt und so rasch als möglich die Sprache der Kollegen angenommen. Vermutlich zeichnet sie sich durch eine große Adaptionsfähigkeit aus. Mit dieser Ressource erreicht sie, dass sie sich ihrem neuen Umfeld zumindest sprachlich schnell annähert und sich zugehörig fühlen kann. Damit reduziert sie ihre Angst und den Stress. Auch Markus möchte, dass niemand merkt, dass er etwas verunsichert ist. Er bekämpft seine Angst mit Humor. Vermutlich zeigt er ein ähnlich hohes Engagement wie Liliane und versucht durch Tempo und hohe Aktivität, die Anfangsschwierigkeiten zu minimieren. Stößt er an seine Grenzen, versucht er mit Witz die andern zu beschwichtigen und abzulenken. Auf diese Weise soll niemand merken, dass er eigentlich ein Anfänger ist, der vom Versicherungsgeschäft noch sehr wenig Ahnung hat. Liliane und Markus werden sich vielleicht rascher als in den zuvor prognostizierten drei Monaten einleben. Der Nachteil könnte sein, dass der Wissensboden ein unsicherer bleibt. Handeln die beiden schon zu Beginn ihrer Laufbahn, als wären sie bereits erfahrene Versicherungsleute, könnte es sein, dass die Kollegen sie überschätzen, ihnen weniger erklären und ihnen auch weniger Zeit lassen, um sich einzuleben. Es könnte passieren, dass sie noch eine Weile mit einem Manko an Wissen auskommen müssen und sich über längere Zeit fachlich auf sehr dünnem Eis bewegen. Im Volksmund werden Menschen, die so tun, als ob sie alles im Griff hätten und mit Witz und Charme ihr Nichtwissen vertuschen, oft als «Blender» bezeichnet.

Interessant ist auch Retos Schlussbemerkung, dass die gedrückte Stimmung, die ihn am Sonntagabend überwältigt, sich am Montag schon bald verflüchtigt und einem gewissen Gleichmut weicht. Der Gedanke an die neue Arbeitswoche löst bei ihm negativere Gefühle aus als die Realität selbst. In der Psychologie ist dieses Phänomen vor allem bei Angstgefühlen bekannt. Sehr häufig müssen Angstpatienten ihre Gefühle in einer vorgestellten Angstsituation einstufen. Das Rating fällt dabei meist höher aus als das Rating in der Angstsituation selbst. Reto scheint es ähnlich zu gehen. Seine Probleme sind in seiner Fantasie deutlich größer und schwieriger als sie es in der Realität tatsächlich sind. Das Wochenendgrübeln verstimmt Reto und löst Angst und Deprimiertheit aus. Also unternimmt er am Wochenende viel mit Freunden und Familie. Das lenkt ihn ab und versetzt ihn in positive Stimmung. Er kann dabei ganz sich selber sein und die Rolle als Berufsmann und Trainee abstreifen. Es sind nur wenige Stunden pro Woche, an denen er diese negativen Gefühle aushalten muss. Will Reto diese Berufsausbildung abschließen, dann gehört dieses Aushalten der unangenehmen Emotionen vielleicht dazu. Dies dürfte mittelfristig bzw. während der begrenzten Zeit seiner Ausbildung unproblematisch sein, solange er in der Lage ist, sich in der Freizeit abzulenken und «aufzutanken». Gut möglich, dass er sich nach der Ausbildung aufgrund seines neuen Status, einer neuen Arbeit und mit mehr Ansehen in der Firma wohler fühlt. Es ist auch wahrscheinlich, dass er mit der Zeit die Rolle des Berufsmannes zu akzeptieren lernt und sie sich zu eigen machen wird. Retos Identität erhält also eine neue Facette. Diese Identitätsveränderung bzw. -erweiterung ist ein Entwicklungsschritt, der sich bei jedem Berufseinstieg ereignet und normalerweise von Ängsten begleitet ist. Langfristig könnte es natürlich auch der Fall sein, dass dieses konkrete Berufsumfeld nicht zu Retos Persönlichkeit passt, er sich also diese konkrete Rolle nicht aneignen kann. In einer solchen Situation wäre Retos Lebensqualität langfristig wohl zu stark beeinträchtigt. Empfehlenswert wäre dann, dass Reto seine Einstellung zu diesem Beruf oder der Stelle, die er innehat, und dessen Umfeld überprüft, verändert oder die Situation anpasst. Die Situation anpassen könnte heißen, dass er sich nebenberuflich oder privat eine neue Herausforderung sucht, nicht zu hundert Prozent an dieser Stelle arbeitet oder im Extremfall in ein neues berufliches Umfeld wechselt. Vor allem aber ist es wichtig, dass Reto die Signale seines Sonntagabendblues erkannt hat. Er hat reflektiert, was sie bedeuten, er weiß, was er kurzfristig dagegen tun kann und dass sie bis zum Ende seiner Ausbildungszeit auszuhalten sind. Danach sollte aber eine Veränderung bei ihm oder in der Situation eingetreten sein, damit er auf längere Sicht gesund bleiben kann.

Kapitel 2

«Meine Ellbogen sind nicht spitz genug ...»

Die ständige Konkurrenzsituation: Andrea K. erzählt ihre Geschichte

Andrea K. (27) ist Psychologin und hat ihre erste Stelle vor zwei Jahren als Junior-Personalassistentin bei einer internationalen Beratungsfirma angetreten. Der damalige, inzwischen entlassene Personalchef hat ihr versichert, nach einem Jahr werde der Titel «Junior» gestrichen. Sie sei dann vollwertige Personalassistentin. Anschließend bestünden gute Aussichten, dass sie die Handlungsvollmacht erhielte. Andrea hat in diesen zwei Jahren vollen Einsatz geleistet. Sie ist um sieben Uhr am Morgen zur Stelle und traut sich abends nicht, vor halb sieben nach Hause zu gehen. Sie hat an vielen Trainingsprogrammen für die Kundenbetreuer mitgearbeitet und neue Qualifikationsformulare entwickelt. Überhaupt erstellt sie viele Formulare neu und ist ein richtiger Excel-Profi geworden. Dennoch klebt der Titel «Junior» an ihr und ist nicht wegzubekommen. In zahlreichen Gesprächen mit ihren Vorgesetzten wird sie immer wieder vertröstet. Entweder wird ein Beförderungsstopp oder eine Reorganisation als Grund angegeben. Niemand mag sich daran erinnern, was der ehemalige Personalchef damals versprochen hat. Andrea fühlt sich unverstanden. Argumente, dass sie viel bewegt, erarbeitet und investiert habe, zählen offenbar nicht. Sie arbeite immerhin bei einer renommierten Beratungsfirma, heisst es, und sei trotz der «Headcountreduktion» noch mit dabei. Das sei doch eigentlich Qualifikation genug, insbesondere wenn man bedenke, wie viele andere Bewerber für diesen Job anstünden. Nach zwei Jahren Beratungsfirma und immer noch mit dem Titel «Junior» ist an einen Stellenwechsel aus Andreas Sicht nicht zu denken. Sie hat Angst, mit ihren 27 Jahren auf dem Markt mit dieser lausigen Qualifikation verlacht zu werden. Bisher hat sie deshalb von Bewerbungsschreiben abgesehen. Gleichzeitig spitzt sich die Situation an ihrem Arbeitsplatz weiter zu. Je länger, je mehr hat sie den Eindruck, dass sie keine verantwortungsvolle Arbeit verrichten kann. Die endgültige Entscheidung liegt jeweils bei den Personen, die eine Linienfunktion ausüben. Oft schon haben leitende Angestellte der Human Ressources Abteilung Ausbildungskurse vorgeschlagen. Oder sie haben mit Kandidaten Assessments durchgeführt und Vorschläge zur Beförderung gemacht. Die Vorgesetzten in der Linienfunktion haben jedoch jeweils nach eigenem Gutdünken entschieden und die Vorschläge der Personalabteilung in den Wind geschlagen. Ihre Aus- und Weiterbildung, meinen sie, organisierten sie gescheiter selbst, da sie ja besser wüssten, was sie bräuchten. Somit verkommt die Abteilung Human Ressources immer mehr zur Administrations- und Verwaltungsabteilung. Hier werden Ferienkontrollen gemacht, Zeugnisse erstellt, eingehende Bewerbungsunterlagen aussortiert, die Einhaltung der Qualifikationsgespräche überprüft und Pro-forma-Vorschläge für Mitarbeiterentwicklung gemacht, die dann doch nicht berücksichtigt werden. Müssen Mitarbeiter an andere Firmen vermittelt werden, um die vorgeschriebene «Headcountreduktion» zu erreichen, werden damit externe Firmen anstelle der zuständigen internen Stellen beauftragt.

Andrea hat zunehmend Angst, dass sie auf dem Markt kaum noch Chancen hat, eine bessere Anstellung zu bekommen. Intern ist ihre Weiterentwicklung auf Eis gelegt. Andrea fühlt sich dieser Situation hilflos ausgeliefert. Aus ihrer Sicht fehlen ihr Handlungsmöglichkeiten. Diese Situation ruft in ihr ein Angstgefühl hervor. Angst, in ein Machtgefüge geraten zu sein, aus dem es keinen Ausweg gibt. «Meine Ellbogen sind einfach nicht spitz genug! Ich müsste viel mehr Biss haben, um in diesem Haifischbecken zu überleben.» Aus ihrer Sicht besteht die einzige Möglichkeit darin, sich dem System zu beugen und auf bessere Zeiten zu warten.

Angst vor der Macht von Systemen: Schlussfolgerungen
Andrea hat bei ihrer ersten Anstellung auf die Worte des damaligen HR-Chefs vertraut. Dass Worte, die nirgendwo geschrieben stehen, nicht viel zählen, ist ihr heute auch klar. Dass Chefs kommen und gehen und niemand mehr von gar nichts weiß, ebenso. Weiter ist ihr auch klar geworden, dass es sehr darauf ankommt, an welcher Stelle, in welcher Abteilung man arbeitet. Es ist nicht gesagt, dass das Renommee einer Firma, bei der jemand arbeitet, automatisch auf die Person abstrahlt und sie marktfähiger macht. Grundausbildung, Funktion und verrich-

tete Arbeitstätigkeit werden im Markt höher gewichtet. Die Situation ist aus Andreas Sicht unkontrollierbar. Sie arbeitet viel und lange, erledigt die ihr aufgetragenen Arbeiten zur Zufriedenheit der Vorgesetzten, und dennoch kann sie damit keinen Einfluss auf ihre Karriere ausüben. Das Gefühl, äußeren Umständen ausgeliefert zu sein und zu wenig Durchsetzungsvermögen zu haben, ruft Angst hervor – und das bedeutet Stress.

Andrea reagiert mit Erstarrung auf ihre Situation. Die Angst, aufgrund ihres «Junior»-Titels nicht marktfähig zu sein, hat sie gelähmt. Sie meint, sie müsse sich der Macht des Systems beugen, aushalten und abwarten – obwohl die Aussichten, dass die Abteilung Human Ressources innerhalb der Beratungsfirma wieder mehr Gewicht erhält, mehr als zweifelhaft ist. Andrea realisiert, dass sie sich Dritten gegenüber zunehmend aggressiv und ungeduldig verhält. Sie ist nervös, gereizt, schläft schlecht, fühlt sich erschöpft und verspürt kaum mehr zu etwas richtig Lust. Aus diesem Grund entschließt sie sich, Coachingstunden zu nehmen. So könne sie wenigstens etwas für sich tun, hat sie gemeint. Die Entscheidung für ein Coaching ist der erste Schritt, um wieder eine Form von Handlungsfähigkeit zu gewinnen. Bereits nach dem Buchen des Termins sei es ihr psychisch schon besser gegangen. Während der Sitzungen haben wir an Verhandlungs- und Kommunikationstechniken, an der Einstellung zu Autoritäten und an der Sehnsucht nach karrieremäßigem Fortkommen bei einer renommierten internationalen Beratungsfirma gearbeitet. Der letzte Punkt hat vor allem mit der eigenen Identitätsfindung zu tun. Andreas Vater, Anwalt in einer großen Wirtschaftskanzlei, gibt seiner Tochter immer wieder zu verstehen, dass er mit dem «Psychologenkram» nicht viel anzufangen weiß. Andrea hat das Gefühl, sie werde nicht nur von ihm, sondern auch von ihren Freunden aufgrund ihrer Ausbildung belächelt. Also möchte sie gern zeigen, dass sie auch als Psychologin viel verdienen und sich ein Wirtschaftsimage zulegen kann. Nach und nach merkt sie, dass ein solches Image einfach nicht zu ihrem Wesen passt. Sie strebt nach einem sozialen Umfeld, nach Vertrauen und Zugehörigkeit, nicht nach Konkurrenz und Geld. Diese Erkenntnis ist ein großer Schritt. Noch während unseres Coachings ist Andrea ihren «Junior»-Titel losgeworden. Vielleicht sogar, weil sie offen kommuniziert hat, dass sie sich im Markt umsehen will und man aufgrund der geplanten «Headcountreduktion» ja froh um jeden sei, der freiwillig geht. Vielleicht auch, weil die Zeit dafür reif gewesen ist.

Heute arbeitet Andrea bei einem mittelständischen Industriebetrieb und freut sich, dass sie dort im Personalwesen ernst genommen wird und der Ellbogeneinsatz hierfür nicht nötig ist. Sie hat einen breiten Aufgabenbereich und einen engen, direkten Kontakt zu den Mitarbeitenden. Sie arbeitet außerdem 80% und die üblichen acht bis neun Stunden am Tag, mit Ausnahme von angekündigten und notwendigen Sondereinsätzen. Sie schätzt die freie Zeit, die sie mit ihren Freunden verbringen kann und belegt Kurse, die sie über ihr Arbeitsfeld hinaus interessieren.

Kapitel 3

Der Aufstieg auf der Karriereleiter:

«Ich drehe mich wie in einem Hamsterrad ...» Carmen B. erzählt ihre Geschichte

Carmen B. (37) hat ursprünglich eine kaufmännische Lehre absolviert und in diversen Reisebüros gearbeitet, bevor sie in die Bank eingetreten ist. Dort hat sie sich rasch ausbildungsmäßig weiterentwickelt und schließlich an der Hochschule für Wirtschaft in Zürich einen Abschluss gemacht. Sie betreut große Immobilienportfolios und erarbeitet strukturierte Finanzprodukte zur Finanzierung der Umnutzung von Industriearealen und für Anlagen der Öffentlichen Hand. Intern hat sie zweimal die Abteilung gewechselt. Begonnen hat sie ihre Karriere im Bereich der Konzernfinanzierungen und Konzernrestrukturierungen, bis diese Abteilung vor drei Jahren von heute auf morgen aufgelöst wurde. Später wurde die Abteilung reanimiert und unter einem neuen Vorgesetzten weitergeführt. Carmen vermutet, dass diese Strategie einzig den Zweck gehabt hat, die Kündigung des ehemaligen Vorgesetzten zu umgehen. Carmen beobachtet immer wieder, dass Entlassungen vor allem von höheren Kadermitarbeitern nicht direkt ausgesprochen werden, sondern auf Umwegen geschehen. Sie fragt sich, ob es den Entscheidungsträgern tatsächlich an Mut fehlt, solch harte und unangenehme Entscheidungen selber umzusetzen. Sie vermutet, dass es als heikel empfunden wird, hierarchisch hochgestellte Direktionsmitglieder zu entlassen. «Schließlich können einem diese im Laufe eines Berufslebens ja zweimal begegnen – beim Auf- und beim Abstieg», wie sie augenzwinkernd meint. «Das könnte natürlich unter Umständen höchst unangenehme Folgen für die heutigen Entscheidungsträger haben.» Der Abgang von Carmens damaligem Vorgesetzten traf sie insofern negativ, als die zugesagte Beförderung zum Direktionsmitglied damit verlustig ging. Der neue Chef fiel ihr durch seine menschliche und fachliche Ignoranz auf. Seine Führungsvorstellungen basieren auf Allgemeinplätzen wie: «Wir müssen die Bedürfnisse der Kunden erkennen und diese proaktiv beraten», «wir müssen schneller sein als unsere Konkurrenz» oder «wir müssen uns vermehrt auf unsere Kunden konzentrieren» – «ja was denn sonst», fragt sie kopfschüttelnd. «Kann der sich denn nicht auf eine konkrete, handfeste Strategie festlegen? Was macht das so schwierig? Klar, mit solchen Allgemeinplätzen äußert er sicher nichts Falsches! Wahrscheinlich hat er Angst, einmal für seine Fehler geradestehen und sich verantworten zu müssen. Daher versucht er, auf diese Weise keine zu begehen», meint sie trocken. Nachdem sie «diese Sprüche» endgültig satt hatte und eine Beförderung nicht in Sicht war – ihr Vorgesetzter war mit dem CEO sehr gut befreundet –, entschloss sich Carmen, die Abteilung zu wechseln. Sie hörte sich um, ging mit verschiedenen Direktionsmitgliedern zum Mittagessen und ließ unmissverständlich durchblicken, dass sie einen Stellenwechsel in Betracht zog. Philipp K., Managing Director, machte ihr denn auch ein Angebot und stellte ihr die Beförderung in Aussicht. Kaum trat Carmen jedoch diese Stelle an, da verließ Philipp K. aufgrund von Meinungsverschiedenheiten im Global Management Committee (GMC) die Bank. «Das hätte er ja wohl auch durchblicken lassen können! Ein solcher Wechsel geschieht ja nicht von heute auf morgen», meint Carmen sichtlich verärgert. «Aber eben, das ist unsere Kultur, da vertraut keiner dem andern. Jeder kämpft gegen jeden und alle für sich selber! Die Angst, sich zu offenbaren, ist einfach zu groß! Zudem war er, wie ich nachträglich erfahren habe, halt nur ‹Non-Voting-Member› im Committee. Er hatte also kein Stimmrecht und damit wohl weniger zu sagen, als es den Anschein machte.» Weil sich die gleiche Situation abzeichnete wie schon in der letzten Abteilung, reagierte Carmen nun rascher und suchte weiter. Sie freundet sich mit Franz S. an. Franz arbeitet schon über zwanzig Jahre bei dieser Bank und ist ebenfalls Managing Director, jedoch voting Member (Mitglied mit Stimmrecht) desselben Global Management Committees wie vorher Philipp K. Er verspricht ihr, dass sie ein sehr großes, attraktives Portfolio eines ehemaligen Mitarbeiters übernehmen könne. Carmen nimmt an und sieht bereits nach einigen Monaten, dass sie dieses Portfolio bei Weitem nicht auslastet. Morgens um zehn Uhr hat sie ihre Arbeit jeweils erledigt. Das Dilemma ist nun, dass sie diesen Umstand Franz S. nicht mitzuteilen wagt. Sie überlegt, dass er ja ihren Vorgänger befördert hat. Ihr Vorgänger war also den ganzen Tag mit nur diesem Portfolio beschäftigt und wurde zur Belohnung auch noch zum Direktionsmitglied befördert! Was für ein Fehlentscheid! Den würde er wohl niemals zugeben und wohl eher den Spieß umdrehen und ihr vermehrt auf die Finger schauen. Also verhält sich Carmen ruhig. Sie sitzt die Tage aus, indem sie sich mit mehr oder weniger nützlichen Kundenrecherchen im Internet die Zeit vertreibt. Nach einigen Monaten der Unterforderung ist Carmen deprimiert und fühlt sich erschöpft. «Erschöpft vom Nichtstun», sagt sie verwirrt. «Ich fühle mich einfach nutzlos in diesem Job,, kann meine Fähigkeiten nicht voll einsetzen und nicht mal was dagegen tun! Das ist ärgerlich und lähmend zugleich.» Ein glücklicher Umstand will es, dass ein Teammitglied, nämlich der Stellvertreter von Franz S., einem neuen Großprojekt zugeteilt wird. Carmen bietet ihm ihre Hilfe an und betreut in der Zwischenzeit stellvertretend für ihn sein Portfolio zusätzlich. Endlich ist sie bis vier Uhr am Nachmittag gut ausgelastet. Die Fälle sind komplex, was Carmen endlich wieder etwas fordert. Schon bald stellt sie fest, dass in einem Fall, wo es um einige hundert Millionen Franken Kreditvolumen geht, etwas nicht stimmt. Sie analysiert die Kreditstruktur und wird aus dem ganzen Gebilde nicht recht schlau. Sie entschließt sich, die Sache genauer anzusehen, genügend Zeit hat sie ja! Sie beruft Sitzungen mit allen bisher involvierten Stellen ein – mit Ausnahme von Franz, der in diesen Fall nie involviert war. Die Antworten, die sie bekommt, sind jedoch uneinheitlich und letztlich unbefriedigend. Carmen versteht weder die aktuelle Kreditstruktur noch die Begründung für das Zustandekommen des Kredites. Mehrere Gespräche mit versierten Spezialisten bringen sie nicht weiter. Als sie hartnäckig nachfragt, bekommt sie schließlich immer wieder dieselbe Antwort zu hören: «Führe doch einfach die bisherige Strategie weiter, das machen alle. So gibt es keinen Ärger, und außerdem hat der Group Chief Risk Officer, Member of the GEB (Group Executive Board), diesen Fall am Ostersonntag unterschrieben!» Carmen genügt diese Aussage nicht, obwohl das Dossier offensichtlich von der höchsten Stelle im Konzern abgesegnet worden ist. Da der Stellvertreter von Franz S. inzwischen aufgrund eines Burnouts aus der Bank ausgeschieden ist, und sie damit die volle Verantwortung für dieses Portfolio trägt, entscheidet sie sich, den Fall vor die nächsthöhere Hierarchiestufe zu bringen. Das heißt, sie geht damit zu ihrem Vorgesetzten Franz S. und sagt, dass sie diesen Fall lieber abgeben würde, da sie die Struktur der Finanzierung nicht verstehe. Franz S. macht zuerst große Augen, sagt , dass er von ihr mehr menschliche Größe erwartet habe, und lässt unverblümt die Bemerkung fallen, dass bei dieser Einstellung wohl kaum eine Beförderung zu erwarten sei. Carmen sieht plötzlich ein riesiges Hamsterrad vor sich. In diesem rennt und rennt sie und erreicht ihr Ziel doch nie. Als sie dieses Bild vor sich sieht, wird ihr klar, was sie tun muss und schon lange hätte tun sollen: Sie reicht im Anschluss an dieses Gespräch die Kündigung ein, wechselt den Arbeitgeber und wird am neuen Ort auf Anhieb als Direktionsmitglied eingestellt. Es kommt ihr später zu Ohren, dass ihr ursprünglicher Arbeitgeber mit besagtem Fall, an dem sie sich die Zähne ausgebissen hat, mehrere hundert Millionen Franken verloren hat.

*Angst vor Konfrontation, Versagen, Gesichtsverlust bzw.
Selbstentwertung: Schlussfolgerungen*
Carmens Erlebnisse sind typisch für Großkonzerne. Nicht selten grassiert dort die Angst, unangenehme Botschaften wie Entlassungen zu kommunizieren. Statt jemandem aus der Nähe ins Auge blicken zu müssen und die Kündigung auszusprechen, streicht man auf dem Papier mit einer großen sozialen und emotionalen Distanz ganze Abteilungen, stellt das neue Organigramm ins Intranet und wartet ab, was passiert. Erwartungsgemäß reagieren die Mitarbeiter, die sich im Organigramm nicht mehr wiederfinden, und fragen nach. Auf diese Weise erfahren sie dann meist von unbeteiligter, neu eingesetzter Stelle, dass sie sich halt eine neue Stelle suchen müssten. Während sich die Entscheidungsträger im Hintergrund halten, können die neu eingesetzten Führungsleute achselzuckend die Verantwortung von sich weisen: «Der Entscheid kommt nicht von uns, wir haben ihn nur umzusetzen.» Auf diese Weise können sich alle Beteiligten mehr oder weniger elegant aus der unangenehmen Diskussion herauswinden bzw. müssen erst gar nicht in eine solche eintreten. Für die von der Entlassung Betroffenen sind die eigentlichen Entscheidungsträger nicht greif- und identifizierbar. Im Grunde geht es darum, nicht zur Verantwortung gezogen werden zu können. Hohe Kader zu entlassen gilt als heikel, da der Arbeitsmarkt Schweiz sehr klein ist und man sich ohne Weiteres später einmal in hierarchisch anderer Konstellation begegnen könnte. Diese zweite Begegnung könnte dann für die eigene Karriere wenig förderlich ausfallen. Zudem hat diese Verhaltensweise einen weiteren Vorteil für die Entscheidungsträger. Entlassungen öffentlich kommunizieren zu müssen, ist unangenehm

und erklärungsbedürftig. Eine leicht erhöhte Fluktuation hingegen ist in den Medien viel einfacher zu kommunizieren. Zum Beispiel so («Tagesanzeiger», 6. März 2010): «Der Personalbestand nahm 2009 um insgesamt 12 550 ab», sagte die Pressesprecherin einer Großbank. Viele gingen freiwillig. «In der Schweiz kam es 2009 zu knapp 1000 Entlassungen. Damit ist die Zielgröße von 65 000 Angestellten erreicht.» Ein weiteres Beispiel zu dieser Thematik finde ich so grotesk, dass es hier noch kurz erwähnt sei: Ein Großkonzern schloss eine Geschäftsstelle in Russland. Der dort ansässige Geschäftsleiter, ein Schweizer, musste alle Mitarbeiter entlassen. Rund ein halbes Jahr später rief er in Zürich, am Hauptsitz des Unternehmens, an und fragte nach, ob auch ihm noch jemand kündigen könne. Niemand erklärte sich jedoch hierfür zuständig. Schließlich schrieb er sich selber die Kündigung und bestätigte eigenhändig deren Empfang!

Carmen traute sich viel zu. Sie erwies sich als kämpferisch, bewies Mut und Durchhaltewillen. Sie interessierte sich für das Wohlergehen der Firma und versuchte in einem undurchsichtigen, komplexen Fall, zweifelhafte Dinge aufzuklären. Dabei stieß sie auf großen Widerstand ... Niemand war gewillt, den Sachverhalt genauer zu hinterfragen. Keiner wollte dem obersten Riskmanager, der gleichzeitig auch an höchster Stelle der Bank sitzt, in die Quere kommen. Jeder wusste, dass dies die eigene Beförderung kosten konnte. Jeder hatte Angst. Warum? Angenommen, Carmen witterte zu Recht unplausible Gründe für die Kreditvergabe. Dann hätte der Group Chief Risk Officer Farbe bekennen und begründen müssen, warum er den übermäßig hohen Kredit gesprochen und die Finanzierung in der bestehenden Form strukturiert hat. Da keiner seiner Mitarbeiter die Konstruktion erklären konnte und demnach vermutlich auch nicht verstanden hat, ist es möglich, dass auch der oberste Riskmanager Mühe gehabt hätte, eine plausible Erklärung dafür abzugeben. So oder so wären ihm die Fragen einer Mitarbeiterin unangenehm gewesen, und er hätte sich wohl bedroht gefühlt, wenn er für seine Entscheidung hätte Rechenschaft ablegen müssen. Außerdem macht es Angst, in einer solchen Unternehmenskultur Fehler oder Schwächen zuzugeben. Sie werden als imageschädigend angesehen. Und der Betreffende wird schnell die Befürchtung hegen, dass man nun «an seinem Stuhlbein sägt». Die Mitarbeiter des Riskmanagers haben selbstverständlich kein Interesse, die Hintergründe dieses Falles aufzudecken, denn ihr Bonus bemisst sich nach dem Qualifizierungsgutachten, das eben dieser Manager über sie abgibt. Die Angst, Annehmlichkeiten zu verlieren, ist ebenso groß wie die Angst, versagt zu haben und deshalb in der Achtung der andern zu sinken. Es erstaunt unter diesen Umständen nicht, dass Carmens Vorgesetzter Franz S. versucht, Carmen von ihrem Vorhaben abzubringen, den Fall weiter eskalieren zu lassen. Er droht mit dem zu erwartenden Ausbleiben der Beförderung, denn er weiß genau, dass es nun an ihm wäre, im Management Committee dieses Dossier vorzubringen. Die Tatsache, dass ein Kredit von mehreren hundert Millionen Franken in Schieflage geraten war, hätte wohl auch seine Aussichten auf Beförderung verschlechtert, auch wenn er persönlich in diesen Fall gar nicht involviert war.

Carmens Verhalten ist interessant. Sie hat sich einerseits nicht getraut, Franz S. ihre Unterforderung zu gestehen. Andererseits traut sie sich aber, einen sehr komplexen Fall genauer zu durchleuchten und diesen dann bei Franz S. eskalieren zu lassen. Wie lässt sich das erklären? Carmen befürchtete wohl im ersten Fall, dass Franz S. sie persönlich angreifen würde, wenn sie ihm implizit eine fehlerhafte Beförderung vorhielte. Dies hätte ihn auf einer ganz persönlichen Ebene angegriffen, und wahrscheinlich hätte er den Spieß umgedreht und Carmen vorgeworfen, dass sie ihre Arbeit einfach zu oberflächlich verrichte. Er hätte wohl in ihrer Arbeit nach Fehlern gesucht und vermutlich auch irgendetwas zu beanstanden gefunden. Im Hinblick auf die eigene Karriere wäre das für Carmen jedenfalls nicht nützlich gewesen. Sie nahm also die ständige Unterforderung und das Gefühl des Nicht-Gebraucht-Werdens in Kauf. Dies führte zu Frust und Stress und schließlich zu einer depressiven Verstimmung bei Carmen. Glücklicherweise veränderte sich die äußere Situation. Ansonsten wäre es sehr wohl möglich gewesen, dass Carmen eine Burnout-Symptomatik entwickelt hätte, wie sie bei Unterforderung und fehlender Situationskontrolle vorkommen kann.

Interessant ist die Beharrlichkeit, mit der Carmen hartnäckig versuchte, Licht in einen risikobehafteten Kreditfall zu bringen. Vermutlich unterlag sie der irrigen Meinung, dass es sich hier um eine sachliche und nicht um eine persönliche Angelegenheit handelte, zumal Franz S. in diesen Kreditentscheid gar nicht involviert war. Weit gefehlt. Auch sachliche Diskussionen weisen in der Regel eine persönliche Komponente auf. Zahlreiche Personen waren in diese Kreditvergabe involviert und müssten nun eine Fehlentscheidung zur Kenntnis nehmen. In einer Kultur, die Fehler als Versagen bewertet, ist das Zeigen auf Fehler angstauslösend und bedrohlich. Der Überbringer einer Hiobsbotschaft wird selber zum Angeklagten und schließlich zum Verurteilten. Franz S. wusste sehr genau, was auf ihn zukommen würde. Er wurde von Carmen in die Rolle des Überbringers einer Hiobsbotschaft hineinmanövriert – eine Rolle, die seine Karriere wenigstens im Moment durchaus gefährden könnte. Darum leistete er Widerstand, indem er seinerseits Carmen mit ihrer lang erhofften Beförderung unter Druck zu setzen versuchte. Als sie die ausweglose Situation erkannte, ergriff sie die Flucht in Form der Kündigung. Dies schien ihr die einzige Möglichkeit, um dem sich ständig drehenden Rad zu entkommen. Wie sich herausstellte, war diese Entscheidung auf jeden Fall zielführend.

Nur Großkonzerne können es sich leisten, dass Mitarbeiter die eigene Beförderung, den eigenen Bonus und das eigene Image in den Vordergrund, ja vor den Geschäftsgewinn stellen. Kleinere und mittelgroße Betriebe könnten sich das aus finanziellen Gründen kaum erlauben. Sie könnten es sich im Übrigen auch nicht erlauben, Angestellte zu beschäftigen, die komplett unterfordert sind. Sie sind darauf angewiesen, dass solche Themen angesprochen und aufgedeckt werden. Doch Großkonzerne sind so riesig, dass selbst grobes Fehlverhalten lange nicht ergebniswirksam wird. Bis Fehler sichtbar werden, sind die Verantwortlichen meist schon an einer neuen Stelle und nicht mehr zuständig. Also wird es in Anbetracht der eigenen Karriere als deutlich günstiger angesehen, solche Risikopositionen unter dem Deckel zu halten. Möglich, dass die Größe dieser Firmenkonglomerate, die Schnelllebigkeit bei Personal- und Strategieentscheidungen, die gute Möglichkeit der Verantwortungsdiffusion und die persönliche Gewinnorientierung der Angestellten die Finanzkrise im Herbst 2008 mitbegünstigt haben.

Kapitel 4

«An meinem Stuhlbein wird täglich gesägt ...»

Der mögliche Fall von der obersten Sprosse: Marco S. erzählt seine Geschichte

Marco S. (52) ist operativer Leiter eines weltumspannenden Industriekonzerns. Er ist Vorsitzender der Geschäftsleitung (Chief Executive Officer), die aus insgesamt neun Mitgliedern besteht. Marco hat ein entspanntes Verhältnis zu allen seinen Mitarbeitern und fühlt sich in seiner Rolle als operativer Leiter sehr wohl. Natürlich ist er sich bewusst, dass viele seiner Kollegen mit Argusaugen wachen, ob er Fehler macht, um diese dann dem Verwaltungsrat zuzutragen. Er weiß auch, dass er bei Fehlentscheidungen keine Rückendeckung von den anderen acht Geschäftsleitungsmitgliedern erwarten kann, dass also jede Möglichkeit genutzt wird, um an seinem Stuhlbein zu säbeln. Momentan laufen die Geschäfte aber gut und die Zusammenarbeit in der Geschäftsleitung und mit dem Verwaltungsrat ist aus Marcos Sicht erfreulich harmonisch. Aus diesem Grund nimmt er seine Position und Stellung wie eine sportliche Herausforderung und ist gewillt, allen täglich zu zeigen, dass er in der Lage ist, den Betrieb souverän zu führen. Marcos Geschäftspolitik ist eher vorsichtig und konservativ. Er nimmt Abstand von den hochriskanten, aber äußerst lukrativen Investitionen an der Börse. Jene Gelder, die für Investitionen im Ausland vorgesehen sind und mittelfristig zur Verfügung stehen sollen, werden in relativ sichere Staatsanleihen oder in andere Obligationen angelegt. Da und dort muss sich Marco die Kritik gefallen lassen, dass er technokratisch und ängstlich sei und den Firmengewinn nicht maximiere. Insbesondere der jüngst neu gewählte Verwaltungsratspräsident setzt ihn diesbezüglich immer mehr unter Druck. So kommt es, dass er beinahe täglich ein Telefonat mit dem Verwaltungsratspräsidenten hat und sich von ihm unangenehme Fragen gefallen lassen muss. Jeden Tag rechtfertigt Marco seine Entscheide, täglich rechtfertigt er seine Person und seine Position. Die Geschäftsleitungsmitglieder erkennen rasch die Zwistigkeit zwischen dem neuen Verwaltungsratspräsidenten und dem CEO und beginnen sich in Gruppen für und gegen den CEO bzw. den Verwaltungsratspräsidenten zu formieren. Es laufen Wetten, wer wohl der Stärkere sei und am Schluss noch auf seinem Posten verbleiben würde. Im Wettbewerb um die Gunst des einen oder anderen kommt es zu sonderbaren Situationen. Es wird länger gearbeitet als sonst, und jedes Geschäftsleitungsmitglied gibt vor, dass sein Bereich von Arbeit überflutet sei. Thomas D. meint an einer Geschäftsleitungssitzung: «Meine Frau wird heute vierzig, aber sie wird wohl ohne mich feiern müssen. Ich habe einfach noch zu wichtige Tasks, die ich bearbeiten muss.» Roland M. kontert prompt: «Als ich dich gestern Abend im Büro um halb neun noch suchte, waren aber schon alle Lichter gelöscht. Da warst du nicht da. Du hättest ja für heute vorarbeiten können!» Worauf Thomas D. lakonisch entgegnet: «Da war ich kurz einen Imbiss kaufen. Um neun, als ich zurückkam, warst du nicht mehr da. Du arbeitest wohl im Moment Teilzeit, oder?» Vermehrt findet ein Kampf aller gegen alle statt. Dieser Kampf hat zur Folge, dass Marco S. häufiger von unzufriedenen Mitarbeitern aufgesucht wird. Viel öfter als früher hört er die Klage, dass die Zusammenarbeit an den wichtigen Schnittstellen, zum Beispiel zwischen Produktion und Vertrieb nicht mehr funktioniere. Diesbezüglich werden von ihm dringende Eingriffe gefordert, die darin bestehen sollen, leitende Personen zurechtzuweisen. Ein anderes Problem, mit dem Marco zusehends konfrontiert wird, sind versteckte Anträge. So werden ihm – in Umgehung von hierarchischen Funktionen – an Sitzungen unter dem Traktandenpunkt «Varia» Anträge vorgestellt. So handelt es sich zum Beispiel um die Einführung eines komplett neuen Produktes, welches an und für sich eine gute Ergänzung zu der bisherigen Produktpalette wäre. Der Haken ist lediglich der, dass die zuständigen Instanzen für Neuprodukte keine Kenntnis davon haben. Marco fühlt sich überrumpelt und merkt zu spät, dass er zu solchen Vorschlägen unter «Varia» keinen Kommentar abgeben sollte. Richtigerweise hätte er zuerst abklären lassen müssen, ob alle formellen Schritte beachtet worden sind. Denn seine oberflächliche Bemerkung: «Ach, das ist ein interessanter Ansatz, sehr schön», ist von den Antragsstellern als ein: «Ich genehmige, macht weiter so», ausgelegt worden. Natürlich stehen ein paar Tage später die zuständigen und nicht involvierten Personen in seinem Büro, beschweren sich bitterlich über dieses hierarchisch inkorrekte Vorgehen und verlangen, die vermeintlich getroffene Entscheidung rückgängig zu machen. Nicht nur, dass nach mehreren solcher Intermezzi der Vorwurf des «Mobbings» im Raum steht, dieses Vorgehen ist auch der Firmenkultur nicht förderlich. Viele Mitarbeiter erhalten den Eindruck, dass Entscheidungen getroffen und dann wieder rückgängig gemacht werden. Die Mitarbeitenden reklamieren nicht zu Unrecht, sie würden viele Arbeiten umsonst verrichten. Sie sehen sich mit einer Hü-und-Hott-Politik konfrontiert, was sie als demotivierend empfinden.

Andere Geschäftsleitungsmitglieder schlagen sich mutig auf jene Seite, die ihnen als die sicherere im Hinblick auf ihre eigene Karriere erscheint. Es gibt solche, die in den Golfclub des Verwaltungsratspräsidenten eintreten, um mit ihm unverbindlich über den Geschäftsgang und den CEO zu sprechen. Wieder andere besuchen dieselben Restaurants wie der CEO, um mit diesem außerhalb der Firma kumpelhaft über ihre gemeinsamen «Feinde» in der Geschäftsleitung zu plaudern. Marco ist mit dieser Situation menschlich überfordert. Als sozialer Typ ist er bestrebt, mit den Kollegen in einer guten, harmonischen Arbeitsatmosphäre zu leben und wünscht sich, jemanden zu haben, dem er vertrauen kann. Doch sein Instinkt rät ihm vehement von jeder Vertrauensseligkeit ab. «Spitzenführungskräfte sind allein auf weiter Flur. Wenn es darauf ankommt, hast du keine Freunde», sagt er zu sich selber. Es ist ihm nicht mehr möglich, die Entscheidungen abzusprechen und an den Sitzungen einen Konsens zu erzielen. Jedes Votum ist gefärbt von der persönlichen Interessenlage des Einzelnen. «Es geht nicht mehr um die Sache», stellt Marco erbittert fest. In diesem «Haifischbecken», wie er sein Umfeld jetzt bezeichnet, fühlt sich Marco ständig verfolgt. Er ist sehr verunsichert, tritt aber gegen außen weiterhin sicher auf und zeigt eine intakte Fassade.

Die Geschichte nimmt eine plötzliche Wende, als ein Betrugsfall publik wird, in den der Verwaltungsratspräsident, nicht aber Marco als CEO verwickelt ist. Die Geschäftsleitungsmitglieder beginnen sich natürlich sofort neu zu orientieren, denn jetzt stehen die Chancen für den CEO deutlich besser. Der Verwaltungsratspräsident reagiert seinerseits darauf ungehalten und versucht mit allen Mitteln, den CEO auf andere Art in ein schlechtes Licht zu stellen. Er geht so weit, dass er Marco ein Verhältnis mit seiner Sekretärin und Scheidungsabsichten unterstellt. Obwohl nichts davon wahr ist, hat nun Marco diverse Gespräche mit seiner Frau zu führen und ist emotional gestresst. Die Angst, seine Familie mit den fünf Kindern zu verlieren, wiegt schließlich stärker als der Erfolg im Job und der Sieg über den Verwaltungsratspräsidenten. Marco S. entschließt sich, diesem ganzen «Schlamassel» zu entrinnen und kündigt seine Stellung. Er wechselt nicht nur seine Stelle, sondern sogar seinen Beruf und zieht mit seiner Familie ins benachbarte Ausland. Der Verwaltungsratspräsident bleibt auf seinem Posten, bis der Betrugsfall gerichtlich geklärt worden ist. Doch dann erklärt ihn der Verwaltungsrat aus Reputationsgründen für nicht mehr tragbar und trennt sich von seinem Präsidenten in gegenseitigem Einvernehmen. Doch während des laufenden Verfahrens bis zum Zeitpunkt seines Ausscheidens behält der Verwaltungsratspräsident die Zügel fest in der Hand. Er verändert die Anlagestrategien komplett und krempelt das operative Geschäft völlig um. Natürlich bestimmt er pro forma einen neuen, sehr jungen operativen Leiter.

Bernhard V., 34 Jahre jung und unerfahren, kennt den Verwaltungsratspräsidenten seit zehn Jahren. Er war einst sein persönlicher Assistent und wurde von seinem Mentor stets gefördert. Mit diesem Personalentscheid hat sich der Verwaltungsratspräsident die Möglichkeit geschaffen, auf den Geschäftsgang umfassend Einfluss zu nehmen. Später, als der Verwaltungsratspräsident das Unternehmen verlassen hat, sieht sich Bernhard V. vor einem gewaltigen finanziellen Loch, das aufgrund der riskanten Anlagen im Rahmen der darauf folgenden Finanzkrise entstanden ist. Weiter sind verschiedene, jüngst getroffene strategische und operative Entscheidungen für keinen der verbleibenden Geschäftsleitungsmitglieder nachvollziehbar. Die Karten werden auf allen Ebenen neu gemischt. Bernhard V. ist der Erste, der das Unternehmen verlassen muss.

Das Karussell dreht sich weiter ...

Angst vor Machtspielen, in Fallen zu tappen, zu versagen und zu Fall gebracht zu werden: Schlussfolgerungen
Diese Geschichte handelt vom Kampf um den Erhalt einer beruflichen Stellung auf dem Höhepunkt der Karriere. Der CEO in unserem Beispiel ist ein sozialer Typ, der nach Harmonie und Zugehörigkeit strebt. Er fühlt sich durch die plötzlich auftretenden Zwistigkeiten und Machtspiele überfordert. Es entspricht nicht seiner Persönlichkeit, um jeden Preis der Erste sein zu wollen, auch wenn man dabei über Leichen gehen muss. Es beängstigt und belastet ihn, dass er sich niemandem mehr anvertrauen kann, dass er allein mit seinen Entscheidungen steht und unschönen Manipulationen ausgesetzt ist. Seine Stellung wird da

und dort von anderen zu persönlichen Zwecken missbraucht, indem sie ihn dazu bringen, in Umgehung von Dritten Entscheidungen zu treffen. Seine soziale Führungsstrategie greift plötzlich nicht mehr, sondern verkehrt sich sogar ins Gegenteil. Sie erzeugt Unruhe, Unsicherheit und löst bei den Mitarbeitern Frustrationen aus. Es wäre jetzt nützlich, den Geschäftsleitungsmitgliedern erst zuzuhören, nachdem er sich vergewissert hat, dass die Anträge, die sie stellen, von allen hierarchischen Stufen begutachtet und genehmigt worden sind. Es wäre hilfreich, sich in dieser Situation an Weisungen und vermehrt an die hierarchische Struktur zu halten. Doch stattdessen agiert er, gemäß seinem Naturell und wie es zur Zeit des vormaligen Verwaltungsratspräsidenten offenbar möglich war, sozial und vertrauensvoll. Er lässt seine Kollegen ausreden, hört sich ihre Anliegen an und kommentiert sie wohlwollend. Das führt dazu, dass seine freundlich gemeinten Bemerkungen als Zustimmung und Absegnung der vorgelegten Projekte interpretiert werden. Dies löst nicht nur bei den nicht involvierten Stellen Frustration und das Gefühl des Übergangenwerdens, ja des Mobbings aus, sondern führt auch dazu, dass im Nachhinein Änderungen und Zurücknahmen erfolgen müssen. Dies wiederum verunsichert und frustriert jene, die mit der Umsetzung des vermeintlichen Entscheids begonnen haben. So wenden die Führungskräfte viel Zeit und Energie für interne Kämpfe auf. Die Unruhe und die Unzufriedenheit in der gesamten Unternehmung steigen dadurch an.

Warum kann sich ein bisher erfolgreicher sozialer Führungsstil plötzlich als unnütz erweisen?

Solange Marco sich in ruhigem Gewässer bewegt, ist ein sozialer Führungsstil, der vor allem darauf bedacht ist, Mitarbeiter in Entscheidungen einzubeziehen, Ziele gemeinsam zu erarbeiten und zu diskutieren und Kompromisse zu finden, ein großer Vorteil. Die Sachentscheide sind von mehreren Seiten her beleuchtet und durchdacht worden. Die zuständigen Stellen unterstützen die fundierte Schlussentscheidung, weil sie sich einbringen konnten, und führen die Anweisungen selbstverständlich und termingerecht aus, weil sie von der Mehrheit getragen und als vernünftig angesehen werden. Die Mitarbeiter fühlen sich ernst genommen, weil sie sich einbringen können und ihnen dadurch das Gefühl vermittelt wird, dass es auf sie ankommt.

Nun wird Marco vom neu gewählten Verwaltungsratspräsidenten aber nicht gestützt, sondern täglich zur Rechenschaft gezogen und unter Druck gesetzt. Das schwächt seine Position innerhalb des Führungsgremiums. So entsteht ein Ungleichgewicht; die Dynamik im Team verändert sich. Die Mitglieder der Geschäftsleitung sind verunsichert. Was passiert, wenn der CEO entlassen wird und der Verwaltungsratspräsident bleibt? Wer wird dann ihr Vorgesetzter? Ist es ungünstig, wenn der Verwaltungsratspräsident erkennt, dass sie persönlich gut zum CEO stehen? Könnte das negative Auswirkungen für ihre Karriere haben? Was aber, wenn der Verwaltungsratspräsident geht und der CEO bleibt? Aufgrund dieser Unsicherheiten überlegen sich die Mitglieder der Geschäftsleitung, wem sie die Treue halten wollen. Stehen sie zum einen, dann werden sie mit ihm untergehen, sobald dieser ins Wanken gerät, und umgekehrt beim anderen. Sie konzentrieren sich nun kaum mehr auf die Unternehmensziele, sondern tragen statt dessen interne Kämpfe aus. Jeder versucht den anderen auszustechen, um so positiv auf sich aufmerksam zu machen. Darauf, ob der Verwaltungsratspräsident oder

der CEO im Job bleiben wird, haben sie keinen Einfluss. Daher kann es nur darum gehen, die eigene Position zu festigen, um in jedem Fall in der Poolposition zu stehen. Bei einer solchen Dynamik wäre es von Vorteil, der CEO hätte neben seiner sozialen Strategie noch eine weitere Strategie zur Verfügung. In einer Zeit der Unsicherheit und Vertrauenskrise wäre ein klarer, transparenter Führungsstil nötig. Marco hätte in dieser Situation vermutlich mehr sach- und hierarchieorientiert führen müssen. Mehr über eindeutige Anweisungen, Kontrollen und Repressionen. Wahrscheinlich wäre es zu diesem Zeitpunkt hilfreich gewesen, wenn er eine innere Haltung hätte entwickeln können, die etwa besagt: «Ich bin hier der Chef und sage, wo es lang geht.» Wenn sich Intrigen und eine Ausrichtung auf rein persönliche Interessen ausbreiten, braucht es eine klare Führung, klare Weisungen, Abmachungen, Regeln und Kontrollmechanismen. Mitspracherechte sind einzugrenzen und nur in engem formellem Rahmen und unter klaren Zielformulierungen zuzulassen. Das Prinzip «primus inter pares» sollte in dieser Situation sinnvollerweise durch ein Präsidialsystem mit einem Entscheidungsträger abgelöst werden. Die fehlende Strategieanpassung ist dem CEO zum Verhängnis geworden. Auch als sich die äußere Situation mit dem Auftreten des Betrugsfalles zu seinen Gunsten verändert, vermag er es nicht, diesen Umstand in seinem Sinne zu nutzen. Der Verwaltungsratspräsident hingegen, dessen Position aufgrund des Betrugsfalles ins Wanken gerät, schafft es, die Gefahr des Misserfolges und Positionsverlustes fürs Erste abzuwenden. Wie macht er das? Er hat große Angst, einen persönlichen Misserfolg verbuchen zu müssen, Image und Status zu verlieren. Das Angstgefühl treibt ihn an, folgende Strategie anzuwenden: Eröffnung eines Nebenkriegsschauplatzes. Ablenkung von seinem Thema auf ein anderes, ganz persönliches Thema des CEOs. Natürlich ist das Thema «Seitensprung» und Scheidung geeignet, denn es weckt die Neugier des Umfeldes, schürt Gerüchte und lenkt vom Hauptthema ab. Marco wird mit dieser Strategie wiederum auf dem linken Fuß erwischt. Seine Angst vor Ausschluss aus einer Gemeinschaft – in diesem Fall aus der für ihn wichtigsten, nämlich der Familie – wird angesprochen. Wie groß diese Angst ist, zeigt sein Verhalten. Marco weicht Diskussionen aus und kündigt seine Stelle. Nach allem, was auch zuvor bereits vorgefallen ist, verzichtet er lieber auf Macht, Status und Einfluss und sichert sein Bedürfnis nach Vertrauen und Zugehörigkeit. Die Entscheidung für einen Karrierewechsel mit Übersiedlung ins Ausland kann damit erklärt werden, dass Marco nicht nur ein sozial orientierter, sondern in starkem Maße auch ein erkenntnisorientierter Persönlichkeitstyp ist. Er entscheidet sich bei der Gelegenheit eines Stellenwechsels auch gleich für eine gänzlich neue Situation, ein neues Umfeld und komplett neue Erfahrungen.

Aus dieser Geschichte können wir entnehmen, dass es verschiedene Motive gibt, aus denen heraus Menschen Führungsaufgaben übernehmen wollen. Der Verwaltungsratspräsident ist motiviert durch sein Bedürfnis nach Status, Macht und Einfluss. Er reagiert demzufolge auf den drohenden Verlust der Macht mit akuter Angst und wendet dementsprechend Strategien zum Kampf an. Marco hingegen ist motiviert durch den Wunsch nach Zugehörigkeit, Vertrauen, die Idee, gemeinsam im Team etwas erarbeiten zu können und für sich neue Erkenntnisse zu gewinnen. Er empfindet Angst, wenn das Team nicht mehr am selben Strick zieht, Kämpfe ausgetragen werden und Disharmonie herrscht. Er hat auch Angst vor Stagnation und Rückschritt. Erstere Motivation ist aussichtsreicher für den Verbleib in einer Machtposition. Der Verwaltungsratspräsident verbleibt vorerst an der Spitze des Unternehmens, während sich Marco entsprechend seiner Persönlichkeit für seine Familie und für neue Erfahrungen entscheidet und daher die Kündigung einreicht. Auf diese Weise hat er sein Stresserleben massiv reduzieren können. Sieg, Macht und Image hingegen haben für ihn untergeordnete Bedeutung.

Kapitel 5

«Schlechte Laune am Sonntagabend ...»

Caroline W. beschreibt ihr Leben von Wochenende zu Wochenende

Caroline W. (42) hat ursprünglich eine Lehre als Detailhandelsfachfrau bei einem Telefonanbieter absolviert. Sie bekam relativ jung und rasch hintereinander zwei Kinder und entschied sich daraufhin für eine berufliche Pause von sechs Jahren. In dieser Zeit machte sie verschiedene Zusatzausbildungen im Bereich Design, Grafik, Betriebswirtschaftslehre, Finanz- und Rechnungswesen, und schließlich nahm sie eine Teilzeitstellung in einem Nahrungsmittelkonzern an. Später hat sie berufsbegleitend das Diplom zur Kommunikationsleiterin beim Schweizerischen Ausbildungszentrum für Marketing, Werbung und Kommunikation (SAWI) erworben. Seit neun Jahren arbeitet sie nun in der Marketingabteilung. Die dort angekündigten Sparmaßnahmen machen der Abteilung allerdings zu schaffen. Mit minimalen finanziellen Mitteln soll maximale Wirkung erzielt werden. Für Caroline ist dieses unerreichbare Ziel nur ein weiterer Beleg dafür, dass sie hier im «falschen Film» ist. «Was solls, von den Chefs werden Ziele gesetzt, die sie selber nicht durchdacht haben und bestimmt auch nicht allzu ernst meinen. Unsere Vorgesetzten haben Spardruck von oben und geben ihn gegen unten unbesehen weiter. Wie wir ihre Anliegen genau umsetzen sollen, das weiß niemand. Und was machen wir mit diesen Vorgaben? Wir machen weiter wie bisher und überschreiten unsere Budgets. Alles schon dagewesen und durchgestanden. Wir begründen ein bisschen genauer und ausführlicher als bisher, warum bestimmte Events und Maßnahmen mehr Geld als vorgesehen gekostet haben, und schreiben ein paar Memos mehr an die Geschäftsleitung. Das ist alles!» Caroline leidet aber eigentlich mehr darunter, dass ihr Tagesablauf immer derselbe ist. Sie ärgert sich, weil sich beruflich so gar nichts verändert. «Es werden keine Lehren gezogen! Jeder neue Vorgesetzte meint, etwas ändern zu müssen. Er führt Neuerungen ein, die vor Jahren schon als undurchführbar gegolten haben, nur um zu sehen, dass es wieder nicht funktioniert! Solche Entscheidungen und Maßnahmen sind Ringeltänze, sie wiederholen sich ständig.» Natürlich gibt es in Carolines Berufsalltag auch viel Spannendes. Großartige Kundenanlässe, Reisen ins Ausland und spannende Kontakte mit Partnerfirmen. Trotzdem, fast jeden Morgen steht sie um dieselbe Zeit am selben Bahnsteig und wartet auf den gleichen Zug. Mit vielen anderen, die wie sie täglich den gleichen Arbeitsweg haben. In dem recht abgelegenen Ort außerhalb des Stadtzentrums von Zürich angekommen, reiht sie sich in eine Traube von Leuten ein, die jeden Tag dasselbe Gebäude betreten wie sie. Die meisten haben schon das Handy am Ohr und sprechen in gehetztem Englisch oder Deutsch zu einem unsichtbaren Gegenüber. «Das finde ich krank!», durchfährt es Caroline. «Was kann so wichtig sein, dass es nicht warten kann, bis man gemütlich am Desk eintrifft, die Jacke abgezogen und den Computer gestartet hat?» Caroline zückt ihren Badge und liest darauf: Personalnummer 40346. «40346, das bin ich. Und wenn ich ab morgen nicht mehr hier erscheine, dann erledigt die Personalnummer 40347 meine Arbeit. Das ist kein Problem, denn wir sind ja alle so eng an Weisungen und Regeln gebunden, dass wir nicht wirklich Fehler machen können. Es gibt vielleicht etwas angenehmere Mitarbeiter und unangenehmere in der Zusammenarbeit mit Dritten, aber am Schluss ist das alles ziemlich egal. Hauptsache, die Arbeit ist soweit erledigt.»

Caroline hat schon seit längerer Zeit immer wieder dieselben Gedanken. «Worin liegt der Sinn meiner Arbeit? Woran merke ich, dass es auf mich ankommt?» Seit Monaten denkt sie über diese Fragen nach und kann keine befriedigende Antwort finden. Am Freitag hört sie dann auf zu grübeln und freut sich übermäßig aufs Wochenende. «Der Freitag ist wie ein Auftauchen nach einem wochenlangen Abtauchen in die Tiefsee bei nur wenig Luft. Am Freitag heißt es durchatmen, aufatmen, in die Freiheit entlassen sein!» Am Sonntag hingegen fühlt sie sich zentnerschwer. Sie schaut auf den Wochenbeginn wie gegen eine schwarze Wand. Die ist undurchdringlich. Am Montag akzeptiert sie den Tauchgang als eine existenzielle Notwendigkeit. Der Gedanke daran, die Vorstellung, dass wieder eine Woche beginnt, ist im Grunde schlimmer als die Realität. «Der Montag ist ja eigentlich der schönste Tag der Woche, weil es am längsten dauert, bis es wieder Montag ist!» Das sind Sprüche, die bei ihren Kollegen die Runde machen. Schlimmer ist der letzte Tag der Ferien.

Bereits in der zweiten Ferienhälfte beginnt sie ein ungutes Gefühl zu durchströmen. «Ich habe so ein Gefühl in Brust und Bauch wie nach einer missratenen Prüfung. Du nimmst an, die ist misslungen, und hoffst insgeheim dennoch, dass sie besser ausfällt als du geglaubt hast. Anders kann ich dieses Unwohlgefühl nicht beschreiben», sagt Caroline trocken. «Ich zähle dann die verbleibenden Tage, bis ich wieder um 07.06 Uhr morgens auf dem gewohnten Bahnsteig stehe und zur Arbeit fahre. Und jeder weitere vergangene Ferientag verstärkt mein ungutes Gefühl. Am liebsten würde ich die Zeit anhalten. Dabei macht sich gleichzeitig eine Machtlosigkeit breit, die schwer zu ertragen ist. Wenn ich die dazugehörige Emotion benennen müsste, wäre es Angst». Angst wovor? Caroline zuckt die Achseln: «Das habe ich eben noch nicht herausgefunden. Der Umgang im Team ist freundlich, die Arbeit eigentlich okay, mein Job ist soweit sicher, und verdienen tue ich sehr gut.»

Caroline kämpft mit diesen Gedanken und Gefühlen noch zwei ganze Jahre. Sie weiß, dass dieses Unternehmen nicht ihr Leben ist. Andererseits weiß sie nicht, was sie sonst beruflich machen könnte. Sie weiß nur, dass sie nicht noch jahrelang täglich auf demselben Bahnsteig desselben Bahnhofs stehen und auf den Zug um 07.06 Uhr warten will, um an einen abgelegenen Ort zu fahren, den sie in ihrer Freizeit nie und nimmer freiwillig aufsuchen würde. Nur, um dort mit Hunderten von Leuten in dasselbe Gebäude einzutreten. Allerdings sind die Vorteile des sicheren Jobs und die finanziellen Vorteile nicht zu unterschätzen.

Schließlich hat sich Caroline aufgerafft und eine Laufbahnberaterin aufgesucht. Dabei ist ihr klarer geworden, weshalb sie mit ihrem jetzigen Leben nicht so richtig glücklich ist. Nach einer halbjährigen Beratungsdauer hat sie ihre Stelle bei ihrem Arbeitgeber gekündigt und sich als Marketing- und PR-Spezialistin für Non-Profit-Organisationen und soziale Institutionen selbständig gemacht. Die schlechten Gefühle am Sonntagabend sind nun wie weggeblasen. Caroline sagt begeistert, es sei zwar eine mutige, aber eine für sie völlig richtige Entscheidung gewesen, sich selbstständig zu machen. Ihre eigene Firma kann sie so gestalten und ausrichten, wie es zu ihrer Person und ihrem Charakter passt. Sie kann sich die Zeit größtenteils selber einteilen, und jeder Tag ist gleich viel wert. «Nun spielt es keine Rolle mehr, ob es Montag, Freitag oder Sonntag ist! Ich lebe die Stunden und Tage viel bewusster. Und ich kann entscheiden, wo mein Büro liegt. Der Zug um 07.06 Uhr und die Massen am Bahnhof gehören der Vergangenheit an – und die Angst vor dem Montagmorgen auch!», sagt Caroline und strahlt übers ganze Gesicht.

Angst vor Stillstand und Autonomieverlust: Schlussfolgerungen
Zu Beginn ist alles neu im Job. Die Einarbeitungszeit ist spannend, neue Erfahrungen können gesammelt werden. Die Motivation, das Engagement und die Begeisterung sind groß. Menschen wie Caroline arbeiten sich mit großem Elan oft sehr rasch in ein neues Gebiet ein. Sie sind auffassungsbegabt und umsetzungsstark. Sie sind vielfältig interessiert und haben den Hang, sich ständig weiterzubilden und sich persönlich zu verändern. Caroline hat Angst vor Stillstand, Angst davor, keine neuen Erfahrungen mehr zu machen und nichts mehr dazuzulernen. Sie

hat Angst davor, sich nicht als Person mit ihren speziellen Eigenschaften einbringen zu können und zur Nummer zu «verkommen». Sie möchte nicht am Ende ihres Lebens zurückblicken und sagen müssen: «Ich hatte nicht den Mut, etwas zu machen, worauf ich persönlich stolz bin. Etwas, das zeigt, das bin ich, das hat mir und meinen persönlichen Charaktereigenschaften entsprochen.» Für Caroline bedeuten Routinearbeiten und Wiederholungen Stress und lösen Ängste aus. Denselben Tagesrhythmus, der Zug um 07.06 Uhr, dasselbe Gebäude und immer dieselben Ränkespiele der Vorgesetzten. All dies ergibt für Caroline auf Dauer keinen Sinn. Obwohl das Arbeitsumfeld in Ordnung, die Arbeit selbst nicht uninteressant und die Bezahlung gut ist, ist Caroline mit sich nicht zufrieden. Denn ihr Job, ihr jetziges Leben, all dies könnte von irgendwem gelebt sein, es kommt nicht auf sie persönlich an. Caroline beschreibt im Grunde eine Sinnkrise. Krisen zeichnen sich dadurch aus, dass die bisherigen tragenden Strukturen, Systeme, Werthaltungen, die es im Leben bisher gegeben hat, nicht mehr funktionieren und noch keine neuen Strukturen oder Handlungs- und Einstellungsweisen gefunden sind. Der Mensch befindet sich an einem Wendepunkt und muss eine Entscheidung treffen, was das Wort Krise, welches vom altgriechischen Wort «κρίσις, krísis» stammt, auch bedeutet. Krisen können vor allem an Lebensübergängen auftreten. Zum Beispiel in der Pubertät, beim Berufseinstieg, bei der Heirat, Geburt eines Kindes, Scheidung oder beim Tod eines Partners. Die berufliche Sinnkrise tritt häufig im Alter zwischen Mitte dreißig und Mitte vierzig auf. Viele Menschen sehen in diesem Alter nochmals die Möglichkeit, ganz neue Wege zu beschreiten, das Steuer noch einmal ganz herumzureißen und einen Neuanfang zu wagen. Bei den Frauen kann der Neuanfang darin bestehen, nun eine Familie zu gründen, da es wohl der letzte Moment ist, um noch Kinder zu bekommen. Andere, wie zum Beispiel Caroline, die schon Kinder haben, wollen sich beruflich neu ausrichten. Denn seit dem Berufseinstieg sind zehn oder zwanzig Jahre vergangen, und viele Menschen möchten jetzt noch einmal ganz neue Erfahrungen machen. Allerdings ist oft noch unklar, wie das Neue aussehen soll. Dieses Zwischenstadium zwischen Alt und Neu löst bei den meisten Menschen ein Angstgefühl aus. Die Ausrichtung auf Neues, Unbekanntes, ist eine Stresssituation. Die Angst ist damit zu erklären, dass in der bestehenden Situation die Gefahren bekannt sind, in neuen Situationen jedoch andere, vielleicht sogar größere Gefahren lauern könnten. Wechselt ein Tier sein angestammtes Revier, muss es das neue sorgfältig auskundschaften und seine Aufmerksamkeit auf neue mögliche Gefahren lenken. Dabei wird sein Organismus auf Kampf- oder Fluchtbereitschaft ausgerichtet sein. Aufgrund der aufkeimenden Angst werden die nötigen Stresshormone ausgeschüttet, um diese Wachsamkeit bzw. die Kampf- oder Fluchtbereitschaft zu ermöglichen. Wir sind zwar keine Tiere, doch reagieren wir in dieser Hinsicht aufgrund unserer angeborenen «Bereitschaft, auf Notfälle zu reagieren» (Preparedness) sehr ähnlich. Neue, unbekannte Situationen erwecken sehr oft Misstrauen, und es stellen sich Angstgefühle ein. Daher ziehen wir im Grunde das Altbekannte dem Neuen vor.

Dennoch gibt es Menschen, die sich aufgrund ihrer Persönlichkeitsstruktur stets verändern und weiterentwickeln wollen. Die Angst vor Stillstand ist bei diesen Personen größer als die

Angst vor dem Unbekannten. Deshalb haben Persönlichkeiten wie Caroline in jungen Jahren schon sehr viele verschiedene Erfahrungen und Ausbildungen gemacht. Ihr Motto lautet: Stillstand ist Rückschritt. Doch irgendwann verspüren auch sie in sich den Wunsch, mit all dem Gelernten und den gemachten Erfahrungen etwas anfangen zu können. Sie möchten ihre «unterschiedlichen Zweige zu einem Baum vereinigen» oder «die vielen verschiedenen Flüsse in einen einzigen großen Strom münden lassen». Solche und ähnliche Bilder werden oft gebraucht, um diesen Wunsch zu beschreiben. Die Zeit wird in diesem Alter allmählich zu knapp, um noch mehrmals ganz neue Wege zu gehen. Im mittleren Lebensalter beginnt das Streben nach Konsolidierung, nach Zusammenfügen und Integrieren. Oftmals besteht vor allem bei Frauen der Wunsch, eine soziale Tätigkeit auszuüben. Insbesondere, wenn diese im bisherigen Leben zu kurz gekommen ist. Auch dies kann ein Grund sein, warum sich viele Berufsfrauen noch relativ spät für eine Familie und Kinder entscheiden. Andere wiederum entscheiden sich für einen Berufswechsel und möchten dabei möglichst alles bisher Gelernte und Erfahrene in etwas Neues einmünden lassen. Caroline ist nicht untypisch für diese Gruppe, sie wählt den mutigen und harten Weg in die Selbständigkeit. Eine eigene Firma zu gründen, heißt im übertragenen Sinn, die eigene Person gegen außen hin zu präsentieren, und zugleich bedeutet es, die eigene Identität zu erneuern. Caroline ist bereit, für die gewonnene Freiheit und persönliche Entfaltung einen hohen Preis zu bezahlen. Von nun an muss sie um ihr Einkommen selber besorgt sein, Zeiten der Auftragsvolatilität aushalten und Abstriche bei Fringe Benefits und anderen Annehmlichkeiten, die ein Konzern zu bieten hat, machen. Sie hat auch auf Status, Rang und Sicherheit verzichtet, um ein neues Lebenskonzept zu entwickeln. Um Montage gleich spannend wie die Wochenenden zu erleben und um selber ihre eigene Chefin mit der größtmöglichen gestalterischen Freiheit zu sein. Die Angst vor dem Stillstand und der fehlenden Autonomie für Weiterentwicklung wiegt für Caroline offenbar schwerer als die Angst vor Status- und Existenzverlust.

Teil II

Die eigenen Ängste verstehen und erfolgreich damit leben

Kapitel 1

Die Angst gehört zum Menschen

Ängste sind unvermeidlich und gehören zu unserem Leben. Natürlich sind wir uns der Angst nicht dauernd und immer bewusst, doch ist sie ein steter Begleiter und eine Grundbedingung für unsere Lebensfähigkeit. Die Angst ist, wie wir bereits gesehen haben, von Geburt an wichtig für das Überleben. In der Kindheit hält sie uns davon ab, heiße Herdplatten anzufassen, und später lässt sie uns beim Autofahren entsprechend vorsichtig sein, um uns und andere nicht zu gefährden. Die Angst macht uns auf Gefahren aufmerksam, damit wir uns rechtzeitig in Sicherheit bringen können, oder sie lässt uns regelmäßig mit Seife die Hände waschen; so schützen wir uns gerade in der Grippezeit besser vor Krankheit. Auch im Beruf können Ängste auftreten. Werden sie vom Betroffenen erkannt und ernst genommen, so schützen sie langfristig vor Krankheit. So beginnt zum Beispiel Andrea K., die mit Angst vor der Macht von Systemen zu kämpfen hatte, zu ihrer Identität als Psychologin zu stehen. Sie wechselte die Stelle und fand einen für sie angemessenen Teilzeitjob. Caroline W., die Angst vor Stillstand und dem Eingeengt-Sein beziehungsweise fehlender Autonomie hatte, veränderte schließlich ihr Lebenskonzept grundsätzlich und fand ihren Weg in die Selbständigkeit. Trotzdem hat der Mensch die Neigung, der Angst auszuweichen, sie zu vermeiden, zu verdrängen und zu leugnen. Doch dadurch wird die Angst nicht weniger, sie bleibt bei uns, weil sie mit uns verwachsen ist und vom ersten Moment unseres Lebens an unser steter Begleiter ist. Sie ist uns Menschen angeboren. Deshalb können wir sagen, dass die Grundangst kulturunabhängig ist. Sie gilt im hohen Norden genau gleich wie im tiefen Süden. Natürlich hat sich die Angst über Generationen aufgrund der technischen Entwicklung etwas gewandelt. Hier in Europa müssen wir meist keine Angst mehr vor wilden Tieren haben, und es gibt auch selten Grund zur Angst, zu verhungern oder keine Nahrung zu finden. Wir haben gelernt, uns vor Kälte zu schützen und haben die wilden Tiere in den hiesigen Breitengraden gezähmt, ausgerottet oder vertrieben. Dennoch haben wir vielleicht Angst vor Höhe, engen Räumen und dem Fliegen, also dem freien Fall, vor Spinnen und Schlangen. Diese Art von Angst nennen wir heute Phobie, weil die Intensität der Angst in keinem Verhältnis zur Stärke des Angstauslösers steht. Die Angst tritt zum Beispiel beim Anblick einer völlig ungiftigen, kleinen Spinne in voller Intensität auf. Eine solche Angst dient nicht dem Überleben und scheint deshalb auch dem Betroffenen irreal und unangemessen. Solche typisch pathologischen Ängste und ihre Behandlungsmethoden sind jedoch nicht Gegenstand dieses Buches. Wie eingangs erläutert, geht es vielmehr um alltägliche, aber unter Umständen schwierig zu bewältigende berufliche Situationen und um Lebensfragen, die angstauslösend sein können. Es existiert kaum eine Situation, vor der wir nicht Angst haben könnten. Erleben wir Angst, dann fühlen wir uns überfordert. Wir haben ernsthafte Zweifel, ob wir eine Situation bewältigen können und heil aus einer Sache herauskommen. Reto A. zum Beispiel wusste lange nicht, ob er den Berufseinstieg schaffen würde. Er hatte bisher noch keine entsprechenden Erfahrungen, weil dieser Job nach dem Universitätsabschluss sein allererster war. In dieser belastenden Situation war er auf sich selbst zurückgeworfen und gezwungen, das Leben «selber in die Hand» zu nehmen, zumal die Unterstützung seitens der Kollegen ausblieb. Auch Marco S., der soziale CEO, dessen bisherige Strategien versagten, weil eine für ihn ungewohnte Konkurrenzsituation eintrat, fühlte sich überfordert. Marco hätte auf ganz andere, für seine Persönlichkeitsstruktur vielleicht fremde Bewältigungsstrategien zurückgreifen müssen, und dabei hätte sich wohl die Frage gestellt: «Kann ich meine eigene Identität dann noch bewahren? Passt dieses Verhalten zu mir?» Marco hat sich schließlich entschieden, seine Karriere in der Schweiz abzubrechen und mit seiner Familie auszuwandern. Auch diese Entscheidung wird Ängste hervorgerufen haben: «Werde ich am neuen Ort neue Freunde finden, zu denen ich mich zugehörig fühlen kann? Werde ich wieder die bisherige Ruhe in mein Leben bringen können? Werde ich über einen schwierigen Lebensumstand hinwegkommen und neue Wege finden? Werde ich mich an einer neuen Stelle bewähren und mindestens so gut wie meine Kollegen arbeiten? Werde ich alles richtig machen?» Solche Fragen werden wir uns vermutlich alle schon einmal in ähnlichen oder anderen Zusammenhängen gestellt haben. Darin werden Lebensthemen und Orientierungsweisen angesprochen, welche uns im Kern betreffen und grundsätzlich beeinflussen. So vielfältig das Phänomen Angst ist, so geht es schließlich doch immer wieder um Varianten einiger weniger Angstformen. Ich meine, dass alle Ängste im Kern auf drei Grundformen zurückgeführt werden können: die Angst vor sozialem Ausschluss, die Angst vor Stillstand und die Angst vor Gewöhnlichsein. Auf diese drei Angstformen werde ich später noch genauer eingehen. Zunächst ist es wichtig zu fragen, nach welchen Grundthemen der Mensch sich im Leben hauptsächlich ausrichtet und durch welche Handlungen und welches Streben er seine Persönlichkeit formt. Dabei stehen die Fragen: «Was ergibt im Leben einen Sinn oder wonach strebt der Mensch?» im Vordergrund. Die Sinnfrage ist, wie wir im nächsten Kapitel sehen werden, eng mit der jeweiligen Grundangst verknüpft, die für uns charakteristisch ist. Ich vertrete sogar die Ansicht, dass die jeweilige Grundform der Angst den Motor der Sinngebung darstellt. Sie stellt aus meiner Sicht den Motor des Überlebens dar; sie führt uns an unsere Lebensthemen heran und damit zur Sinnhaftigkeit unseres Daseins. Sie bestimmt unser Streben, unsere Handlungen und damit unsere Persönlichkeit. Daraus folgt aber auch, dass uns nicht alle Grundformen der Angst in gleichem Maße betreffen. Bei jedem Menschen stehen ein bis maximal zwei Lebensthemen und die dazu gehörige Angst im Zentrum. Das andere oder die anderen beiden Themen stehen im Hintergrund und lösen bedeutend weniger Angst aus.

Im nächsten Kapitel können Sie feststellen, zu welchem Angsttyp Sie selbst gehören. Und im darauffolgenden Kapitel werde ich dann zeigen, welche Lebensthemen mit welcher Grundangst verknüpft sind.

Kapitel 2

Persönlichkeitstest: Welcher Angsttyp bin ich?

Welcher Typ sind Sie?
Bitte jeweils nur eine Antwort ankreuzen. Kreuzen Sie jene Antwort an, die Ihnen spontan am nächsten liegt.

Frage 1
Was macht Ihnen am meisten Freude bei der Arbeit?
1. ☐ Jeden Tag Neues lernen
2. ☐ Zusammenarbeit im Team
3. ☐ Sich durchsetzen, Recht haben

Frage 2
Was stresst Sie am meisten bei der Arbeit?
1. ☐ Einschränkung des Handlungsspielraums im Sinne der Beeinträchtigung der persönlichen Weiterentwicklung
2. ☐ Zwischenmenschliche Konflikte
3. ☐ Unkontrollierbare Situationen

Frage 3

Was stresst Sie am meisten bei der Arbeit?

1. ☐ Zeitdruck, das heißt das Gefühl zu haben, komplexe Arbeiten nicht in Ruhe durchdenken zu können und aus einer «Denkebbe» heraus handeln zu müssen
2. ☐ Sich gegen andere durchsetzen müssen; Entlassungen aussprechen
3. ☐ Ernst zu nehmende Konkurrenz

Frage 4

Was ist für Sie am ehesten eine Belohnung bei der Arbeit?

1. ☐ Vielfalt der Arbeit
2. ☐ Anerkennung von Team, Vorgesetzten, Kunden
3. ☐ äußerst großzügige finanzielle Anreize

Frage 5

Welche Strategie bevorzugen Sie für die Bewältigung von Stresssituationen?

1. ☐ Ich lenke meine Aufmerksamkeit auf andere, angenehmere Dinge
2. ☐ Ich tausche mich mit Freunden und/oder der Familie aus
3. ☐ Ich wechsle das Thema und schiebe ein erfolgreicheres Dossier in den Vordergrund

Frage 6

Wie wichtig ist Ihnen das Einkommen?

1. ☐ Mäßig wichtig
2. ☐ Nicht sehr wichtig
3. ☐ Sehr wichtig

Frage 7

Haben Sie Ihre Karriere konsequent geplant?

1. ☐ Eher nicht; ich habe keine gradlinige Karriere gemacht
2. ☐ Nein, Karriere ist mir nicht wichtig
3. ☐ Ja, auf jeden Fall

Frage 8

Welches Lebensprinzip steht Ihnen am nächsten?

1. ☐ Gestalten, entwickeln, Neues kreieren
2. ☐ Vertrauen und Liebe leben
3. ☐ Finanzielle Autonomie anstreben

Frage 9

Wie gehen Sie mit Routinearbeit um?

1. ☐ Wenn ich zu viel davon habe, sehe ich mich nach einer neuen Stelle um
2. ☐ Wenn die Arbeitsatmosphäre stimmt, nehme ich sie in Kauf
3. ☐ Wenn diese Arbeit der Karriere dient, gehört sie dazu und wird wie alles andere auch erledigt

Frage 10

Wo holen Sie sich die Energie für Ihre Arbeit?

1. ☐ Ich beschäftige mich mit verschiedenen interessanten Dingen und lebe das Leben im jetzigen Moment
2. ☐ Im privaten Umfeld. Ich trenne Berufs- und Privatleben
3. ☐ Ich suche außerberufliche Herausforderungen, die eine hohe Konzentration erfordern und mich von beruflichen Themen ablenken

Frage 11

Trennen Sie Arbeit und Freizeit?

1. ☐ Die Aufteilung von Arbeit und Freizeit erachte ich als künstlich. Ich sehe das Leben als ein Ganzes, wo alles ineinanderfließt.
2. ☐ Ja, ich versuche so gut es geht, Beruf und Freizeit zu trennen
3. ☐ Nein, ich fühle mich da, wo ich etwas beeinflussen kann, am wohlsten. Das kann beruflich oder privat sein

Frage 12

Wie gehen Sie mit Zeitdruck um?

1. ☐ Zeitdruck stresst insofern, als dass aus einer Denkebbe heraus gehandelt werden muss. Die Dinge können nicht mehr fundiert angegangen werden
2. ☐ Zeitdruck stresst insofern, weil ich keine Zeit mehr für mein soziales Umfeld habe
3. ☐ Zeitdruck verleiht mir Flügel, denn wichtige Leute stehen unter Zeitdruck

Frage 13

Was bedeutet es Ihnen, eine Familie zu haben?

1. ☐ Es ist mir nicht wichtig, ob jemand biologisch mit mir verwandt ist. Eine Familie zu haben, bedeutet für mich vor allem, dass Menschen freiwillig in eine enge Beziehung zu mir treten wollen und mich mit ihrem Wissen bereichern, das heißt, wir in einem engen Austausch stehen
2. ☐ Sie unterstützt mich in meinen Vorhaben emotional und praktisch. Ich finde es schön, eigene Kinder zu haben und sie aufwachsen zu sehen

3. ☐ Sie gibt mir Struktur und bringt Ordnung in mein Privatleben. Es ist befriedigend für mich, eigene Kinder zu haben, die mein Erbe (Erbgut) weitertragen

Frage 14
Wie erleben Sie Konkurrenz von Dritten bei der Arbeit?
1. ☐ Ich lerne von jedem gerne, der mehr oder anderes weiß als ich
2. ☐ Solange eine gute Zusammenarbeit möglich ist, interessiert mich dieses Thema nicht
3. ☐ Als eine Herausforderung, gegen die es anzutreten und zu gewinnen gilt

Frage 15
Welcher Satz stimmt für Sie am ehesten?
1. ☐ Ich will so viel Welt wie möglich in mein Leben hereinholen
2. ☐ Die Welt geht nicht unter, wenn ich am Ostersonntag nicht ins E-Mail schaue
3. ☐ Choose the battle you want to win

Frage 16
Welcher Satz stimmt für Sie am ehesten?
1. ☐ Das Leben ist zu kurz, um irgendetwas Blödsinniges zu machen
2. ☐ Ich nehme jeden Menschen unabhängig von seiner Kultur ernst und schenke ihm mein Vertrauen
3. ☐ Ich will am Schluss meines Lebens eine Art Bauwerk errichtet haben. Es soll etwas Nachhaltiges sein, das meinen Stempel trägt

Frage 17

Würden Sie in bestimmten Situationen einen Coach aufsuchen?

1. ☐ Nur, wenn ich dort etwas lernen könnte
2. ☐ Ja, kann ich mir gut vorstellen
3. ☐ Nein, das kann ich mir nicht vorstellen

Frage 18

Welcher Begriff charakterisiert Sie am ehesten?

1. ☐ Pionier (i.S. Neugestalter)
2. ☐ Vertrauter
3. ☐ Macher

Frage 19

Welche Aussage trifft am ehesten auf Sie zu?

1. ☐ Menschen, die ständig von alten Zeiten reden, sind mir ein Gräuel. Ich vermeide Menschen, die nicht nach vorne sehen und keine Perspektiven haben.
2. ☐ Ich will mich zugehörig zu einer Gruppe fühlen und vermeide tiefgreifende zwischenmenschliche Konflikte
3. ☐ Ich will mich auszeichnen und kämpfe dagegen an, zu den Durchschnittsmenschen zu gehören

Frage 20

Welche Aussage trifft am ehesten auf Sie zu?

1. ☐ Ich kann sehr lebendig erzählen und habe auch ein gewisses schauspielerisches Talent
2. ☐ Ich zeige selten, wenn mich jemand ärgert. Ich bin eher der Typ, der sich um Harmonie und Ausgleich bemüht

3. ☐ Ich habe ein großes Organisationstalent. Komme ich in eine Gruppe, so führe ich rasch einheitliche Abläufe und Strukturen ein

Frage 21
Welche Aussage trifft am ehesten auf Sie zu?
1. ☐ Ich habe Angst, dass ich im Leben irgendwann an einen Punkt komme, an dem kein Fortschritt, keine Entwicklung mehr möglich sind
2. ☐ Ich habe Angst, dass mich meine Gruppe, zu der ich mich zugehörig fühlen will, ausschließt
3. ☐ Ich habe Angst, im Sumpf der gewöhnlichen Menschenmasse unterzugehen, nicht als jemand Besonderer bemerkt und anerkannt zu werden

Extremform ← der Persönlichkeit (ungesund)

Gegenpole

Auswertung:

Zählen Sie die Kreuze bei 1, 2 und 3 je getrennt zusammen. Wie viel mal haben Sie die 1, 2 oder 3 angekreuzt? Sie können die Zahl in die untenstehenden Kreise schreiben und sehen, welchen Typ sie am häufigsten angekreuzt haben und welcher Typ vielleicht deutlich untervertreten ist. Meist gehören die Menschen einem oder höchstens zwei Grundtypen an.

Auswertung des persönlichen Angsttyps

hysterisch ↑

↖ paranoid

↗ schizoid

Angst vor der Identifizierbarkeit (3)

Angst vor Überanpassung (2)

1. Erkenntnistyp: Angst vor Stillstand

2. Sozialer Typ: Angst vor Ausschluss

3. Ordnungsstrukturtyp: Angst vor Gewöhnlich-Sein

↙ dependent

↘ narzisstisch

Angst vor Veränderung (1)

(3) Angst für Fehler verantwortlich gemacht zu werden

(2) Angst vor der Beliebigkeit, z.B. nicht besonders zu sein

(1) Angst vor der Veränderung...
  Typ 2: des sozialen Umfelds
  Typ 3: der eigenen herausragenden Stellung
    ↓
  zwanghaft

Kapitel 3

Welche Lebensthemen gibt es?

Was beschäftigt mich im Leben? Was begeistert mich, welche Tätigkeiten machen mich zufrieden und motivieren mich, machen mir Freude und sind in meinem Leben das Salz in der Suppe?

Gleichgültig, ob diese Fragen bezogen auf den Beruf oder das ganze Leben gestellt werden, die Antworten lassen sich im Wesentlichen auf drei große Themenbereiche reduzieren. Ich habe in Befragungen und Studien herausgefunden, dass die Menschen weniger mit Ängsten zu kämpfen haben, wenn ihre Arbeit ihrer inneren Lebenshaltung entspricht. Nach meiner Erfahrung gibt es drei große Themen, nach denen sich die Menschen grundsätzlich, aber unterschiedlich in der Gewichtung, ausrichten. Themen, die handlungsbestimmend und für den Einzelnen von sinngebender Bedeutung sind. Mehrheitlich dominiert ein, manchmal beherrschen auch zwei Grundthemen das Leben eines Menschen. Nur sehr selten kommt es vor, dass alle drei Themen bei einer Person gleich dominant sind.

Folgende Lebenskonzepte formen den Charaktertyp einer Person:
- Der soziale Typ: Streben nach sozialem Anschluss, Zugehörigkeit, Vertrautheit, Zuwendung und Interaktion
- Der Erkenntnistyp: Streben nach Veränderung, Entwicklung und nach Unabhängigkeit
- Der Ordnungsstrukturtyp: Streben nach Macht und Einfluss

1. Streben nach sozialem Anschluss und Zugehörigkeit

Es gibt Menschen, die erleben ihre Arbeit dann als sinnvoll, wenn sie Tätigkeiten verrichten können, die der Gemeinschaft von Nutzen sind. Sie sind motiviert, wenn sie sich als Teil einer Gruppe erleben, wenn sie Vertrauen in ihr Umfeld haben können und ein großer Teil ihrer Arbeit aus Interaktion mit anderen besteht. Sie empfinden es als hohe Lebensqualität, wenn sie im regen Austausch mit Dritten stehen und Beziehungen harmonisch sind. Sie vermögen es, sich gut an andere anzupassen um dazuzugehören. Ihre Begabung ist es, rasch an Informationen zu gelangen und diese an geeignete Stellen weiterzugeben. Es handelt sich hier um den sozialen Typ, der das «Wir» zum Lebensthema hat. Er hält Ethik und Moral besonders hoch, kümmert sich um Nahestehende, kann eine Bitte von Dritten weniger gut abschlagen und bürdet sich manchmal zu viel Arbeit auf. Daraus folgt auch, dass er mit Kritik und Konflikten weniger gut umgehen kann und solche Situationen als Stress empfindet. Er hat deshalb Angst, Fehler zu machen, weil er kritisiert werden könnte, was für ihn Konflikt bedeutet und schließlich zu Liebesentzug und Ausschluss aus der Gemeinschaft führen könnte. Diese Angst kann dazu führen, dass Menschen dieses Typs die Neigung entwickeln, ihre Arbeit sehr perfekt zu verrichten, um sich der Kritik nicht aussetzen zu müssen und um ein Bestehen in der Gruppe nicht zu gefährden. Allerdings sind sie in der Lage, Hilfe zu holen, über ihre Probleme mit Dritten zu sprechen oder gar ein Coaching zu beanspruchen.

2. Streben nach Veränderung

Andere Menschen sehen ihre Arbeit dann als sinnstiftend an, wenn sie möglichst viel Neues bringt. Ihr Leben – und so auch ihre Arbeit – muss vielfältig und interessant sein. Oft wechseln Menschen von diesem Typus ihren Job bzw. ihr Tätigkeitsgebiet regelmäßig nach 3 bis 7 Jahren, weil dann die bisherige Arbeit sie nicht mehr fordert und sie keine neuen Erfahrungen mehr machen können. Nicht mehr vorwärtskommen bedeutet Rückschritt. Routine ist für diese Menschen kaum auszuhalten und bedeutet Stress. Sie werden von einer unsichtbaren, jedoch spürbaren Kraft im Innern stets vorangetrieben. Damit solche Menschen sich stets wandeln können, müssen sie weitgehend unabhängig bleiben. Das heißt, dieser Typ Mensch bindet sich kaum an materielle Güter, oft nicht einmal an eine Familie und insbesondere Kinder. Er will so leben, dass ihm möglichst viele Optionen offen bleiben. Wenn ihm die Arbeit nicht mehr passt, dann muss er handeln und sich verändern können, ohne auf bestehende feste Strukturen Rücksicht nehmen zu müssen. Hat er sich zu stark – zum Beispiel an ein teures Haus und Familie mit

Kindern – gebunden, sodass er sich aus materiellen Gründen nicht verändern kann, steigt seine Angst und damit das Stressniveau. Solche Menschen empfinden Angst, wenn Wandel nicht mehr möglich ist, das heißt, wenn die eigene Welt stillzustehen droht. Menschen dieses Typs sind stets aktiv, gehen vorwärts, treffen rasche Entscheidungen, können Altes gut loslassen und sind in der Lage, Probleme auf hohem intellektuellem Niveau zu analysieren und in Handlungen umzusetzen. Ihr Lebensthema ist das Selbst. Das «Ich», das sich stets neuen Erfahrungen und Erkenntnissen stellen will. Allerdings können sie Gefahr laufen, sich zu verzetteln, zu viel zu schnell zu wollen. Damit könnten sie sich überfordern. Von diesen Menschen höre ich häufig, dass sie keinen roten Faden im Leben finden. Sie planen ihre Karriere nicht, sondern ergreifen scheinbar wahllos Optionen, die sie gerade interessant finden und die sie im Leben an Erfahrungen weiter bringen. Sie sind deshalb auf vielen ganz unterschiedlichen Gebieten erfahren und ausgebildet. Im mittleren Lebensalter, mit etwa vierzig Jahren, tritt häufig die Sehnsucht auf, die vielfältigen Erfahrungen in einen Topf werfen und anwenden zu können. Sie suchen nach dem Fluss, der alle ihre Nebenflüsse vereint. In diesen Situationen suchen sie sich nicht selten einen Coach, von dem sie sich versprechen, dass er sie bei dieser Suche unterstützt.

3. Streben nach Macht

Es gibt eine dritte Gruppe von Menschen, die als Lebensthema angibt, Einfluss und Macht haben zu wollen. Sie empfinden es als tiefe Befriedigung, wenn sie in einem Unternehmen an der

Spitze stehen, wenn sie zur Elite gehören und andere Menschen sich ihnen unterordnen. Sie sind sehr motiviert, wenn sie anderen vorstehen und in einer Sache gewinnen können. Sie lieben den Kampf und ringen mit aller Kraft um den Sieg. Sie haben größte Freude, wenn andere ihnen recht geben und sie sich auszeichnen können. Konkurrenzkampf und Wettbewerb sind ihr Lebenselixier. Sie mögen hierarchische Strukturen, da auf den ersten Blick klar ist, wer herausragt und gegen wen sie ankämpfen müssen. Sie umgeben sich vorwiegend mit Menschen, die sie bewundern und ihnen nachfolgen. Diese Menschen zählen zu den Ordnungsstrukturtypen. Ihr Lebensthema ist das Äußere, das «Er». Dies will heißen, dass sie sich als Person nicht selber charakterisieren. Sie ziehen ihre Schlüsse darüber, wer und wie sie sind, aufgrund von Drittmeinungen. Meier sagt zu Sutter: «Du warst wie immer total überzeugend und durchsetzungsstark.» Müsste Sutter sich beschreiben, so würde er sagen, dass er ein überzeugender und durchsetzungsstarker Mensch sei. Häufig haben wir es hier mit charismatischen Führungspersonen zu tun, auf die die Menschen schauen. Sie sind gute Strategen, können rasch und gut ein Unternehmen oder eine Gruppe von Menschen organisieren und haben einen ausgesprochenen Siegesinstinkt. Solche Personen ragen aus der Masse heraus und wollen gesehen werden. Natürlich wollen sie sich auch finanziell und materiell von anderen abheben. Sie zeigen, was sie besitzen, und hängen an ihrem Besitztum. Materielle Güter sind eng mit dieser Person verknüpft und sind Teil ihrer Persönlichkeit. Wenn Meier wiederum zu Sutter sagt: «Der neue Maserati Quattroporte ist ein Symbol für die Sportlichkeit und Dynamik seines Besitzers, und er zeugt von hohem Managerkönnen», so wird

Sutter, der einen solchen fährt, denken: «Genau so bin ich.» Durchschnitt, Mittelmaß oder Gewöhnlichkeit werden abgelehnt, und als gewöhnlich oder mittelmäßig bezeichnet zu werden, nagt am Selbstwertgefühl. Deshalb umgeben Ordnungsstrukturtypen sich vorwiegend mit Personen, die ihnen Anerkennung und Bewunderung, also vor allem wenig Widerspruch, entgegenbringen. Gleichzeitig lehnen sie Personen, die ihnen in Bezug auf Wissen oder Macht den Platz streitig machen könnten, mit Vehemenz ab. Ernst zu nehmende Konkurrenz wird als Stress empfunden und löst Angst aus. Angst, sich nicht auszeichnen zu können und so im Sumpf der Gewöhnlichkeit unbemerkt zu versinken. Daher begegnen sie diesen Stressfaktoren mit herausragendem Kampfgeist, eiserner Disziplin und Ehrgeiz. Diese Menschen wollen an die Spitze und sind bereit, dafür einen hohen Preis zu zahlen und ihren gesamten Lebensinhalt diesem Ziel unterzuordnen.

Kapitel 4

Nicht jeder Mensch hat die gleichen Ängste:

Die drei Persönlichkeitstypen und ihre spezifischen Ängste

Was treibt den Menschen in seinem Leben an? Ist es die Angst, die er flieht, um zu leben? Ist es der Sinn, den er seinem Leben gibt? Ist es beides? Was ist zuerst, wie hängen Lebenssinn und Grundangst zusammen?

==Ich vertrete die Theorie, dass der Mensch von Angst angetrieben wird. Weil er jedoch Angst als unangenehm erlebt, ist er bemüht, das Leben so einzurichten, dass seine Ängste möglichst auf tiefem Niveau gehalten werden.== Die Angst ist im Alltag also meist nicht spürbar und deshalb kaum präsent. Überlegen wir uns einmal, was wäre, hätte der Mensch keine Angst vor dem Tod. Wie würde unsere Rasse überleben? Ich meine, dass es diese ganz natürliche Angst braucht, um unser Leben zu schützen. Angst führt zu Kampf- oder Fluchtverhalten. Beide Verhaltensweisen dienen dazu, die Angst zu mindern, indem die Angstsituation gemieden oder bekämpft wird. Angsthaben bedeutet für unseren Körper Stress. Die Stresshormone, welche dadurch ausgeschüttet werden, verleihen uns die Kraft und die hohe Konzentrationsfähigkeit, um der Gefahr zu entkommen oder sie zu bekämpfen. Nebenwirkungen dieser Stresssituation sind, dass wir kein Hungergefühl, keine sexuelle Lust und ein vermindertes Schlafbedürfnis haben. Also braucht es angstfreie bzw. stressfreie Zeiten, um Nahrung aufnehmen zu können, sich fortzupflanzen und sich auszuruhen. Es ist also existenziell für jeden Menschen, dass er Angst empfinden kann; genauso wichtig ist aber auch die Fähigkeit, mit der Angst klug umzugehen und sie zu minimieren. Ich habe nun alle Ängste auf eine einzige Angst, nämlich jene vor dem Tod, reduziert. In der heutigen industriellen Gesellschaft ist diese Angst jedoch, außer bei unheilbaren Krankheiten, im Alltag und bis etwa Mitte siebzig nicht täglich präsent. Da wir nicht täglich mit dem Sterben konfrontiert werden, verschiebt sich diese Angst auf andere Themen. Sie ist eng mit dem jeweiligen Lebensthema verknüpft. So liegt dem Streben nach sozialer Zugehörigkeit die Angst vor Ausschluss aus einer sozialen Gruppe zugrunde. Das Streben nach Veränderung und Entwicklung wird von der Angst vor Stillstand begleitet. Und das Streben nach Macht und Einfluss ist getrieben von der Angst vor dem Gewöhnlich-Sein.

Doch haben wir es in der Psychologie nie nur mit einer Dimension bzw. mit Schwarz oder Weiß zu tun, sondern wenden meist Skalen von Null bis Zehn an. Das will bedeuten, dass es keine klaren Grenzen zwischen psychischer Krankheit und Gesundheit gibt. Fragen wir zum Beispiel mehrere Personen, wie häufig sie sich im letzten Jahr depressiv gestimmt fühlten, so legen wir ihnen als Psychologen eine Skala vor, auf denen Antworten von Null bis Zehn möglich sind. Null bedeutet, nie bis sehr selten, Zehn bedeutet, die meiste Zeit des Tages bis andauernd. Gibt eine Person auf dieser Skala die Zwei an, so können wir davon ausgehen, dass dieser Mensch im vergangenen Jahr seine Stimmung eher als gehoben und aufgehellt einschätzte. Jemand, der die Mitte der Skala, also die Fünf wählt, nimmt etwas mehr Schwankungen in seiner Stimmung wahr, und Personen, die zwischen Sieben und Zehn liegen, könnten sich durch ihre depressive Stimmung psychisch belastet fühlen oder gar zu Depressionen neigen. Dasselbe gilt auch für die in diesem Buch beschriebenen Ängste. Auch sie können in zwei Richtungen gehen. Der Angst vor Ausschluss aus der Gesellschaft steht als Gegenpol die Angst vor Überanpassung an die Gesellschaft gegenüber; die Angst vor Stillstand hat als Gegenpol die Angst vor Wandel; die Angst vor dem Gewöhnlich-Sein hat als Gegenpol die Angst vor der Identifizierbarkeit.

==Den Menschen ist gemeinsam, dass sie der Angst entfliehen oder sie bekämpfen wollen,== damit sie dadurch im Alltag nicht belastet werden. Im Idealfall gelingt dies auch, und die Ängste dringen nur noch sehr selten ins Bewusstsein vor. Allerdings steht dahinter eine Leistung, die wir täglich und meist ganz unbewusst vollbringen. Wir haben uns je nach Angstthematik Verhaltensweisen angeeignet, die es ermöglichen, diese individuelle Angst zu minimieren. Diese Verhaltensweisen werden nun gegen außen hin sichtbar und lassen, weil sie immer wieder gezeigt werden, auf eine Charakterstruktur der jeweiligen Person schließen. Dabei erachte ich es als wichtig zu erkennen, wann eine Angst in eine für den Betroffenen belastende Extremform mündet. Die dann erfolgenden Handlungen zur Minimierung der Angst sind auffällig und können manchmal krankhafte Formen annehmen. Wird frühzeitig darauf geachtet und, im Sinne der eigenen Gesundheit und des eigenen Wohlbefindens, rechtzeitig gehandelt, wird der Betroffene aus diesem für ihn unangenehmen Zustand herausfinden und sein Verhalten und seine Einstellungen anpassen können.

Nachfolgend beschreibe ich die drei genannten Angstkategorien mit ihren zwei Gegenpolen anhand einiger Beispiele. Ich beginne jeweils mit einer Person, deren Verhalten für einen der drei Typen typisch ist und im gesunden Bereich liegt. Anschließend gebe ich zusätzlich zwei Beispiele für die jeweiligen Extremformen derselben Kategorie.

1. Der soziale Typ und seine Angst ausgeschlossen zu werden

Mia Werder, der soziale Typ

Mia Werder ist Lehrerin und fühlt sich zur Gruppe der Lehrerschaft zugehörig. Sie möchte von ihren Kollegen und Kolleginnen geschätzt und gemocht werden. Mia legt großen Wert auf Vertrauen im Umgang mit ihren Mitmenschen. Sie hat im Innersten Angst, dass sie von ihren Kolleginnen aus ihrem Kreis ausgeschlossen werden könnte und sie sagen könnten: «Mia, du gehörst nicht zu uns.» Wenn Mia so oder ähnlich denkt, empfindet sie Leere und Angst vor dem Alleinsein. Damit diese Gedanken nicht aufkommen, verzichtet Mia Werder automatisch auf bestimmte Handlungen. Sie fährt einen VW Passat, obwohl ihr ein BMW X1 im Grunde auch gut gefallen würde und sie ihn sich sogar leisten könnte. Sie besitzt ein paar Jeans und Manchesterhosen und kein Kostüm von Chanel. Mia Werder fährt zum Wandern ins Bündnerland oder ins Tessin, ab und zu in die Toskana, engagiert sich kulturell und ist sehr belesen. Sie vertritt politisch durchaus ihre eigene Meinung, doch stößt sie damit selten bei ihren Freundinnen auf größeren Widerstand. Mit der Schulpflege verhandelt sie geschickt und trägt Meinungsverschiedenheiten aus, und doch ist sie stets um einen Kompromiss bemüht. Mia Werder hat eine Familie, die ihr sehr viel bedeutet. Als die Kinder noch klein waren, hat sie ihr Pensum auf vierzig Prozent reduziert und sich mit ihrem Mann die Kindererziehung aufgeteilt. Mia empfindet große Zufriedenheit, wenn ihre Arbeit der Gesellschaft von Nutzen ist. So zum Beispiel ist sie überaus glücklich, wenn einer ihrer ehemaligen Schüler sich bei ihr meldet, sie sieht, was aus ihm geworden ist und erkennt, dass auch sie einen Beitrag zu diesem Werdegang leisten konnte.

Die hier beschriebene Mia Werder neigt zu keiner Extremform des sozialen Typus. Sie trägt in sich die Grundformen der Angst vor Ausschluss aus der Gesellschaft und auch der Angst vor Überanpassung an die Gesellschaft («Wir»- oder «Beziehungs»-Thema). Auf dieser zweipoligen Angstskala bewegt sich Mia Werder ungefähr im Mittelfeld.

Michelle Werder, «everybodys darling»
Eine Extremform des sozialen Typus verkörpert hingegen Werders Tochter Michelle. Sie ist Lehrerin wie ihre Mutter und kämpft übermäßig mit der Angst, aus der Gesellschaft ausgeschlossen zu werden. Sie hat Angst, von ihren nahestehenden Menschen verlassen zu werden, für sich selber verantwortlich sein und für sich selber sorgen zu müssen. Konflikte erlebt sie als äußerst belastend. Kritik erlebt sie als Liebesentzug. Die Angst zu versagen ist groß. Sie hat deshalb die Strategie des feh-

lerfreien Handelns entwickelt und übt ihren Beruf mit eiserner Perfektion aus, sodass die Schulpflege nach Möglichkeit nichts zu beanstanden hat. Sie trifft kaum je eine Entscheidung allein, sondern bespricht sich mit vielen anderen und holt sich zahlreiche Ratschläge und Bestätigungen ein. Michelle arbeitet viel und lange, auch während der Ferien. Da ihr das Neinsagen schwer fällt, lässt sie sich von ihren Kollegen Arbeiten aufbürden, die sie zusätzlich belasten. Sie ist stets bemüht, allen alles recht zu machen. Sie zeigt sich unverhältnismäßig nachgiebig und versucht ihrer Familie und ihren Freunden jeden Wunsch zu erfüllen. Dabei wirkt sie stets fröhlich und ist meist zu einem Scherz aufgelegt. Sogar denjenigen Schülern, die den Unterricht stören, werden kaum je Grenzen gesetzt. Ihr kumpelhaftes Verhalten lässt es nicht zu, als Autoritätsperson aufzutreten und für Ruhe zu sorgen. Soziale Konflikte lässt sie schwelen, weil sie diese nicht ansprechen und lösen kann. In den letzten Monaten hat sich Michelles privates Umfeld zurückgezogen, weil Michelle nie Zeit hat und ihr Beruf sie vollständig vereinnahmt. Nach weiteren Monaten dieses Verhaltens fühlt sich Michelle ausgelaugt, körperlich erschöpft und emotional leer. Michelle leidet unter großer Müdigkeit, sie strengt sich an, kommt aber am Morgen kaum aus dem Bett. Während des Unterrichtens ist sie unkonzentriert und meist schlecht gelaunt. Im Lehrerzimmer sieht man sie kaum noch. Begegnet sie ihren Lehrerkolleginnen, so verhält sie sich ihnen gegenüber zynisch und gereizt. Über ihre Schüler spricht sie, als seien sie alle minderbemittelt. Mit ihrer Unbelehrbarkeit machen sie ihr das Leben schwer, und zuweilen kommen sie ihr vor, als seien sie alle bloß Figuren auf einem Schachbrett. Michelle bemerkt, dass sie sich gar nicht mehr in ihre Schüler hineinversetzen kann und ihre Anliegen nicht mehr versteht. Außerdem klagt Michelle zunehmend über Kopfschmerzen, Bauchweh und Muskelschmerzen. Seit mehreren Wochen schläft sie zudem kaum mehr als vier Stunden pro Nacht. Albträume verfolgen sie. Sie kommt in meine Praxis mit dem Verdacht auf Burnout. Die psychiatrische Erkrankung, die in diesem Fall dem Burnout zugrunde liegt, ist eine Depression. Menschen wie Michelle, die eine übermäßig große Angst vor Ausschluss bzw. Verlassenheitsängste haben und sich demzufolge unendlich bemühen, kooperativ, hilfsbereit und anpassungsfähig zu sein, neigen häufig zu Depressionen. Das dahinterstehende Persönlichkeitsmuster wird in der Psychiatrie als abhängige oder dependente Persönlichkeit bezeichnet.

Otto Werder, der Eigenbrötler

Sehen wir uns im Vergleich zu Michelle die zweite Extremform auf derselben Angstskala, also die gegenüberliegende Skalenseite an. Otto Werder ist Mias Vater bzw. Michelles Großvater. Otto Werder, der ebenfalls Lehrer war, litt zeitlebens an Angst vor Überanpassung. In sich gekehrt und auch im Lehrerkollegium ein Einzelgänger, hatte er begrenzte Fähigkeiten, sich über die gute Leistung eines Schülers zu freuen oder seine Schüler emotional zu motivieren und zu begeistern. Otto Werder genoss Respekt – wenn auch nicht Zuneigung – bei Lehrer- und Schülerschaft, weil er mit seiner stark unterkühlten Art Dritte auf Distanz zu halten wusste. Er war ein Verfechter des Frontalunterrichts, galt als knorrig und schroff, von Höflichkeit und Konventionen schien er nichts zu halten. So schlug er Schülern wie auch Lehrerkollegen oft die Tür vor der Nase zu, grüßte niemanden beim Betreten des Lehrerzimmers und wünschte schon gar keinem schöne Ferien. Es erstaunt nicht, dass er keinen eigentlichen Freundeskreis hatte und im Grunde ausschließlich mit seiner Frau und Tochter zusammen war. Und selbst diese Beziehung zur eigenen Familie war von einer gewissen Kühle geprägt. Otto Werder war nur deshalb Lehrer geworden, weil schon sein Vater Lehrer gewesen war und er nichts anderes gefunden hatte, was ihn interessiert hätte. Das einzige, womit sich Otto in seiner Freizeit beschäftigte, waren Modelleisenbahnen.

Sowohl bei Otto Werder wie auch bei seiner Enkelin Michelle steht das Beziehungs- bzw. «Wir»-Thema im Vordergrund. Während der Großvater sich unterkühlt, distanziert gibt und von der Umwelt stark abgeschottet lebt, kann sich seine Enkelin von ihrer Umwelt kaum abgrenzen. Otto Werder wirkt sowohl gegen Lob wie gegen Kritik geradezu immun, während Michelle mit ihrer kumpelhaften Art und Weise versucht, allen alles Recht zu machen, um von allen geliebt zu werden.

Menschen wie Otto, die wenig Interesse an anderen zeigen, kaum engere Beziehungen eingehen und oft ein mangelhaftes Gespür für Konventionen haben, werden im psychologischen Fachjargon als schizoide Persönlichkeiten bezeichnet.

2. Der Erkenntnistyp und seine Angst vor Stillstand

Philip Matter, der Erkenntnistyp
Philip Matter ist Germanist und Ingenieur. Er hat sich vor sieben Jahren als Ingenieur selbstständig gemacht, nachdem er zuerst als interner Kommunikationsfachmann für nationale Firmen tätig war und nach seinem Zweitstudium an der Eidge-

nössischen Technischen Hochschule (ETH) in Lausanne bei einigen Großfirmen als Ingenieur gearbeitet hat. Matter trägt die Angst in sich, dass seine Welt stehen bleiben könnte, dass er nichts mehr dazulernen und keine neuen Erfahrungen mehr machen könnte («Ich»-Thema). Er hat einen eigenen Gütemaßstab dafür, was zu ihm passt und was nicht und was er gegen außen hin sein und vertreten möchte. Seine Anbindung an das «Selbst» oder das eigene «Ich» ist stark. Als Kommunikationsfachmann wurde er zunächst mit unterschiedlichen Situationen konfrontiert und erlebte dabei viele Herausforderungen. Doch nach einigen Jahren betraute man ihn je länger, je mehr mit dem Schreiben von internen Journalen und Jahresberichten, was für ihn rasch zur Routinearbeit wurde. Außerdem entwickelten seine Vorgesetzten immer genauere Vorstellungen davon, was in den Berichten stehen sollte. Matters Handlungsfreiheit wurde mehr und mehr beschnitten, sodass er, der Situation überdrüssig, ein Zweitstudium in Betracht zog und dieses dann auch mit Begeisterung begann und abschloss. Die Selbstständigkeit als Ingenieur hat für ihn nun den Vorteil, dass er seinen Tätigkeitsbereich selber festlegen und ausweiten kann, wie er will. Seine internationale Erfahrung, die Fähigkeiten als Kommunikationsfachmann und die Kenntnisse darüber, wie ein Großbetrieb funktioniert, kommen ihm nun zugute. Zufrieden stellt Matter heute fest, dass sein beruflicher Werdegang zwar im Zickzack verlaufen ist, er nun aber viele dieser Erfahrungen bündeln und anwenden kann. Matter war bereit, für diese berufliche Freiheit große finanzielle Einbußen in Kauf zu nehmen. Als Ingenieur in einem weltumspannenden Konzern hätte er nicht nur wesentlich mehr Geld verdient, sondern hätte sich auch karrieremäßig großes Renommee erwerben können. Philip Matter lebt und lebte schon immer recht bescheiden. So war er stets frei, sich beruflich seinen persönlichen Interessen gemäß zu verändern und zu entwickeln. Matter lebt in einer Patchwork-Familie. Seine jetzige Frau ist praktizierende Ärztin, eine Tochter studiert Architektur, die andere macht eine Ausbildung zur Modedesignerin. Die Kinder wurden schon sehr früh zur Selbstständigkeit erzogen. Matter und seine Frau achten stets darauf, dass jedes Familienmitglied seinen eigenen Weg gehen kann. Doch gibt es auch Fixpunkte im bewegten Leben der Familie. So zum Beispiel das gemeinsame Essen am Sonntagabend. Dieses dauert jeweils mehrere Stunden, da alle viel zu erzählen haben. Philip Matter genießt diese Vielfalt in seiner Familie und liebt die angeregten Gespräche über alles. Er zeichnet sich auch dadurch aus, dass er allen Beteiligten aktiv zuhört. Keiner hat das Gefühl, dass er nur halb bei der Familie ist und halb noch in seinen eigenen beruflichen Problemen steckt. Matter hat in seinen beiden Stieftöchtern Ansprechpartnerinnen, die – schon erwachsen – für ihn ein interessantes Gegenüber darstellen. Ob sie mit ihm blutsverwandt sind, interessiert ihn weniger. Vielmehr fühlt er sich ihnen aufgrund der interessanten und lebendigen Gespräche nahe. Die Vorstellung, Kleinkinder zu erziehen, empfindet er eher als Stress denn als Bereicherung. Kleinkinder sind für ihn keine Persönlichkeiten, mit denen man interessante Diskussionen führen und anschließend davon zehren und darüber nachdenken kann. Im Gegenteil, Kinder sind von Erwachsenen abhängige, unfreie Wesen, die man nicht gefragt hat, ob sie überhaupt und, wenn ja, hier und so leben wollen. Ein Zusammenleben mit kleinen Kindern würde Matter unzufrieden und ungeduldig stimmen, wie er kleinlaut zugibt. Philip Matter ist ein Erkenntnistyp und bewegt sich auf der Angstskala in Bezug auf Stillstand und Wandel im Mittelfeld.

Heike, die Dramaqueen

Die jüngere Tochter, Heike, kämpft im Gegensatz zu ihrem Stiefvater mit übermäßig großer Angst vor Stillstand. Sie ist eine äußerst vergnügte und lebendige junge Frau. Niemand kann voraussehen, wann sie die bisherigen Zelte ab- und zu neuen Ufern aufbricht. Ursprünglich wollte sie Physiotherapeutin, dann Kosmetikerin werden, nach jeweils einem Jahr hat sie jedoch die Ausbildungen abgebrochen und nun eine Ausbildung als Modedesignerin angefangen. Für all ihre Wechsel hatte sie immer eine plausible Erklärung, welche sie jeweils mit viel Emotion und Engagement vertreten hat. Weil sie so lebendig und lebhaft ist, wirkt sie auf Dritte gewinnend. Sie steht gerne im Zentrum und unterhält mit ihrer amüsanten und witzigen Erzählweise ganze Runden. In ihrer Nähe kommt kaum ein anderer zu Wort. Die Gesprächsthemen werden durch sie bestimmt, und eine ruhige Form der Gesprächsentwicklung oder die vertiefte Erörterung eines Themas mit anderen ist eher selten möglich. Auf den zweiten Blick merkt ihr Umfeld, dass viele von ihr geschilderten Situationen stark überzeichnet sind und möglicherweise nur ein kleiner Kern ihrer Geschichte mit der Realität zu tun hat. Es kommt häufig vor, dass ihre Freunde sich emotional ausgenutzt fühlen. Schließlich haben sie wochenlang mit Heikes Geschichten mitgelitten und müssen zum Schluss erkennen, dass sich alle Probleme plötzlich in Luft aufgelöst haben. Kommen ihr ihre Bekannten auf die Schliche und entziehen sie ihr die gewohnte Bestätigung, wechselt sie scheinbar ohne größere Mühe ihr Umfeld. Sie findet immer wieder Menschen, die ihr über kurze Dauer Aufmerksamkeit, Lob und Anerkennung schenken und ihr den Mittelpunkt der Gesellschaft überlassen. Meist beginnen ihre Geschichten mit: «Letzthin ist mir das absolut Schlimmste passiert, was ich je erlebt habe … – ich dachte, ich sterbe!» Diese Superlative werden mit Mimik, Gestik und Stimmlage nach allen Mitteln der Kunst ausgeschmückt. Gefühlsausbrüche wechseln von überschwänglicher Freude direkt zur tiefsten Trauer, und die Zuhörer sind anfänglich fasziniert und beinahe hypnotisiert von der Wirkung des Dramas. Kopfwehattacken, Atemnot bis hin zur theatralisch inszenierten Klaustrophobie («also hier kann ich auf keinen Fall bleiben, das ist mir viel zu eng, lass uns das Restaurant wechseln») finden insbesondere in Anwesenheit von viel Publikum statt. Auch entfernteren Bekannten gegenüber zeigt sich Heike übertrieben emotional. Sie fällt ihnen um den Hals und drückt sie mit den Worten an sich: «Es ist so wunderschön, dass ich dich wieder einmal treffe, Schatz!» Nur wenige Minuten später zeigt sie sich denselben Menschen gegenüber angriffslustig und verkündet aufgesetzt lustig: «Wenn du das machst, knall ich dich ab!» Heike tritt übertrieben attraktiv und verführerisch auf. Sie gleicht einer Schauspielerin auf der Bühne. Sie verhält sich, als ob ständig eine imaginäre Kamera auf sie gerichtet sei. Sprachlich bleibt sie vage und oberflächlich und gleicht einem Fluss, der munter ins Tal fließt, die Richtung mehrfach ändert und wenig Tiefe zeigt. Heikes engste Freundin zählt eher zum melancholischen bzw. depressiven Typus. Sie wird durch Heikes hohe Energie angetrieben und von den grauen Gedanken des

Lebens abgelenkt. Sie ist stolz auf ihre Freundin, die sich so leichtfüßig im Leben bewegen kann, und sie überlässt ihr gerne den Raum für ihre Auftritte. Denn weder kann noch will sie im Zentrum von Menschen stehen. Was sie nicht weiß ist, dass Heike kaum eine Kontrolle über ihre emotionalen Wechselbäder hat, sondern den situativen Gegebenheiten ausgeliefert ist. Dennoch ist sich Heike durchaus bewusst, dass sie mit ihrem charmanten, eloquenten und emotionsgeladenen Auftritt und der koketten Verhaltensweise auch das affektive Erleben, kognitive Urteilen und Handeln anderer beeinflussen und manipulieren kann.

Menschen wie Heike werden in der Psychiatrie zum histrionischen (ehemals hysterischen) Persönlichkeitstypus gezählt.

Maria, die Verspannte
Die zweite Stieftochter von Philip Werder, Maria, steht in der Angstskala gerade auf der gegenüberliegenden Seite von ihrer Schwester. Ihre übermäßig große Angst ist die Angst vor dem Wandel. Maria ist ein ernsthafter und eher verspannter Typ. Sie nimmt alles sehr genau und braucht lange, um eine Entscheidung zu treffen. Sie liebt es, wenn alles seinen Platz hat. Unordnung ist ihr verhasst. Alle Bücher und Ordner sind immer und zu jeder Zeit alphabetisch geordnet, Lineal, Blätter und Notizbücher liegen exakt parallel zur Tischkante, wenn sie den Arbeitsplatz verlässt. Sie strukturiert ihren Tag nach einem fixen Plan, der immer in etwa gleich aussieht. Auch ihre Freizeitaktivitäten sind in diesem Plan fix eingetragen. Für die Familie ist diese Verhaltensweise zum Teil sehr angenehm, da Maria am Sonntagabend sehr pünktlich zum vereinbarten Essen erscheint.

Allerdings würde niemand sie dazu bringen, das Essen auf den Samstag vorzuverlegen. Solche spontanen »Änderungen des Programms» liegen ihr völlig fern. Schließlich verläuft auch der Samstag nach einem bestimmten vorgefassten Rhythmus, an dem sich nicht rütteln lässt. Warum denn auch? «Der Sonntagabend ist doch gut, das war doch schon immer der Familienabend; warum sollten wir ändern, was bisher gut funktioniert hat?» Beim Einkaufen von neuen Kleidern zeigt sie sich stark verunsichert. Tun es die alten denn nicht mehr? Auf der Suche nach neuen Hosen, die möglichst so aussehen sollen wie die alten, verbringt sie Stunden. Kaum hat sie den Kauf getätigt, bereut sie die Entscheidung bereits und fragt sich, ob sie die neuen Hosen nicht umtauschen sollte. Das Architekturstudium zieht sie mit akribischer Genauigkeit durch. Jeder Ordner, jedes Blatt hat seinen Platz und wird beim kleinsten Fehler neu erstellt. Bevor sie für Prüfungen zu lernen beginnt, erstellt sie mit minutiöser Genauigkeit einen Plan, wann welches Fach zu lernen ist. Für jedes Fach entwickelt Maria ihre eigene Lernmethode. Natürlich lernt Maria allein. Alle Lerngruppen, an denen sie bisher teilnahm, hat sie mit ihrer übergroßen Genauigkeit und Gewissenhaftigkeit fast in den Wahnsinn getrieben. Trotzdem beschenkte sie jede Lerngruppe zum Abschied mit einer großen Schachtel Pralinen, da sie etwas von dem, was sie bei den anderen profitiert zu haben glaubt, zurückgeben möchte.

Maria und ihre Schwester Heike sind beide nach innen, also auf sich selber orientiert («Ich»-Thema). Während Maria jedoch krampfhaft an bestehenden Dingen und Abläufen festhält und alte Gewohnheiten partout nicht loslassen kann, schippert ihre Schwester mühelos von einem Thema zum anderen, wie auf der

Oberfläche eines imaginären Flusses. Beide können sich als Gegensatzpaar gut ergänzen. So profitiert Heike von der Struktur und der Gewissenhaftigkeit Marias, und Maria wird durch Heike etwas von ihrer Ernsthaftigkeit abgebracht. Sie kann von Heike lernen, dass das Leben auch mit Genuss zu tun haben kann und die Welt bei Fehlentscheidungen nicht untergeht.

Im psychiatrischen Umfeld wird Marias übermäßig perfektionistische, gewissenhafte und rigide Verhaltens- und Einstellungsweise zwanghafte Persönlichkeit genannt.

3. Der Ordnungsstrukturtyp und seine Angst vor Gewöhnlich-Sein

Kurt Sutter, der Ordnungsstrukturtyp
Kurt Sutter ist Investmentbanker. Als Kind wuchs er in einer kleinbürgerlichen Familie auf und litt darunter, dass er mit den anderen Jungs bezüglich der neuesten Modeartikel nicht mithalten konnte. Als sein Vater, ein diplomierter Buchhalter, unverschuldet, wie Sutter immer betont, arbeitslos wurde, spitzte sich die Lage zu. Sutters Angst ist die Angst vor dem Gewöhnlichen. Da er ein Kämpfer ist, zeigte er es seinen Kameraden im Sport, und er war stets der Beste in Mathematik. Schon mit zwölf Jahren fasste er den Vorsatz, einmal so reich zu werden, dass ihn später alle seine Kollegen würden bewundern müssen. Die Berufswahl fiel ihm leicht: Banklehre bei der Nummer eins der Schweizer Großbanken. Mit dem ersten Arbeitstag stand sein Ziel fest: mindestens bis zum Generaldirektor wollte er es bringen. Er verabscheute die französische Sprache, doch wusste er, dass ohne Französischkenntnisse seine Karrieremöglichkei-

ten eingeschränkt sein würden. Also ließ er sich für ein Jahr nach Genf versetzen, um dort die Sprache zu lernen. Er absolvierte zudem einige Zusatzausbildungen und einen Bachelor in Betriebsökonomie an der Zürcher Hochschule für Angewandte Wissenschaften in Winterthur. Kurt Sutter ist ein harter Kämpfer, er schaffte denn auch sein lang ersehntes Ziel: Group Managing Director und Voting Member im Global Management Comittee. Sutter nahm und nimmt jede Widrigkeit und Routinearbeit in Kauf, sofern diese karrierebedingt notwendig ist. Er umgibt sich mit Menschen, die ihn bewundern, die sich von seinem sicheren Auftreten angezogen fühlen und natürlich hoffen, mit ihm die Karriereleiter hinaufklettern zu können. Das geht gut, solange sie klar hinter Kurt Sutter zurückstehen und ihm karrieremäßig nicht gefährlich werden. Keiner widerspricht ihm, keiner macht ihn auf Fehler aufmerksam, keiner will ihm in die Quere kommen. Sutter steht ganz oben, und seine Selbsteinschätzung, dass er stets alles richtig macht, sich durchsetzen kann und von allen Recht bekommt, verstärkt sich auf diese Weise. Einmal äußerte sein Freund Richard Bedenken, ob seine Anlagestrategie im US-Hypothekenmarkt wirklich die einzig richtige sei oder man da und dort vielleicht etwas vorsichtiger sein müsste. Sutter bedankte sich für die Vorschläge und «beförderte» Richard nach ein paar wenigen Wochen vom US-Investmentbanking – unter einem fadenscheinigen Vorwand – zu den Anlagen für Pensionskassen nach Zürich. Das ging noch mit zwei, drei anderen Personen so, danach traute sich endgültig keiner mehr, Kurt Sutter einen Vorschlag zu unterbreiten. Sutter fährt Autos in der Preisklasse eines Maserati Quattroporte, hat eine Achtzimmerwohnung am Zürichsee und ein großzügiges Appartement in Manhattan, New York. Seine Ferien verbringt er regelmäßig auf den Malediven. Er kümmert sich eher wenig um Literatur und Kunst, sondern eher um Golfplätze und edle Zigarren.

Kurt Sutter bewegt sich auf der Dimension Angst vor dem Gewöhnlich-Sein und Angst vor der Identifizierbarkeit ungefähr im Mittelfeld.

Oberster Riskmanager Widmer, der Feldherr

Kurt Sutters Vorgesetzter heißt Max Widmer. Er ist Group Chief Risk Officer und damit Groupmember of the Executive Board. Widmer empfindet übermäßige Angst vor dem Gewöhnlich-Sein. Sutter leidet unter dessen Behandlung und ist froh, wenn er ihm aus dem Weg gehen kann. Nur sind da die wöchentlichen Rapporte und Meetings, denen er sich nicht entziehen kann. Max Widmer, der regelmäßig eine halbe Stunde zu spät kommt, erwartet bei seinem Eintreten absolute Aufmerksamkeit. Er begrüßt die Anwesenden kaum. Mit übertriebener Hektik platzt er ins Gespräch, reißt einige aufgeschnappte Worte aus dem Zusammenhang, gibt einen bissigen Kommentar ab und übernimmt so die Sitzungsleitung. Keiner der nachstehenden Traktandenpunkte wird mehr besprochen. Widmer hat seine eigene Vorstellung von Sitzungsführung und -inhalten. Wen er gerade zufällig ins Auge fasst, dem befiehlt er aufzustehen und ohne Vorbereitung über die Märkte Chinas, die Diversifizierung der Anlageprodukte in Südostasien und die neustrukturierten Hedge-Fonds zu referieren. Kaum einer kann es ihm Recht machen. Er treibt den Referenten in die Enge, bis dieser keine Antwort mehr weiß und nur noch schwitzend vor ihm steht, die Angst in allen Gliedern, dem Zusammenbruch nahe. Nicht, dass seine Fragen hilfreich, weiterführend oder wichtig wären, im Gegenteil, sie werden als doppeldeutig und als einigermaßen wirr empfunden. Keiner weiß, ob es sich um pure Bosheit, Machtgebaren oder vielleicht sogar um fachliches Unvermögen handelt. Versteht er das Geschäft wirklich? Unter vorgehaltener Hand hegen seine Untergebenen die Vermutung, dass er fachlich nicht überzeugt. Seine Fragen sind unklar, seine weiterführenden Bemerkungen komplex bzw. verworren, unverständlich und sicher nicht zielführend. Der Befragte weiß nie, was Widmer eigentlich hören will, er weiß nur, dass es sicher nie das ist, was er sagt. Widmer ist Pate des einen Sohnes des amtierenden Verwaltungsratspräsidenten, also wagt niemand, ihn offen anzuzweifeln. Zudem benutzt er die Sitzungszeit häufig zu Zwecken der Eigendarstellung. Er berichtet gern darüber, mit welchen Persönlichkeiten er bekannt ist, wen er getroffen hat, welcher bekannte Chefarzt seine gestauchte Hand behandelt hat, und er zieht auch gerne Vergleiche zwischen bekannten Feldherren und seiner eigenen Person. Widmer ist bekannt dafür, dass er die Leute benutzt und schon immer benutzt hat. Nie wäre er Chief Risk Officer und damit einer der höchsten Herren der Bank geworden, wenn er diese Begabung nicht hätte, da sind sich die Unterstellten einig. Er weiß, wo er seine «Freunde» haben muss, er versteht es, Menschen an strategisch wichtigen Positionen für sich zu gewinnen. Schließlich ist er auf den ersten Blick beinahe sympathisch, sportlich und eloquent. Er verspricht viel, hält wenig, aber bis das jemand merkt, ist Widmer schon eine Nasenlänge voraus und kann den Helfer dankend fallen lassen, es sei denn, dieser wäre irgendwie doch noch von Nutzen. In den Luxusrestaurants, in denen er regelmäßig verkehrt, erwartet er schon beim Eintreten, dass man ihn kennt und bevorzugt behandelt. Ist sein Lieblingstisch in der Ecke bereits besetzt, weil Widmer statt um zwanzig erst um zweiundzwanzig Uhr erscheint, weist er das Personal an, die Gäste an «seinem» Tisch wegzuschicken. Bei Empfängen spricht er da und dort mit seinen Mitarbeitenden, wobei jene wohl merken, dass Widmer ihnen nicht zuhört und über ihre Schulter hinweg nach wichtigeren Personen Ausschau hält. Widmer fährt einen Aston Martin DB 9, wohnt in einer Zwölfzimmer-Villa in Freienbach SZ und hat eine Familie mit drei Kindern. Seine Frau, die er schon aus Jugendzeiten kennt, war seine Friseuse; sie hat sich später zur Aerobic Trainerin ausbilden lassen. Sie hat die Pflicht, das Haus und den Garten in Ordnung zu halten und die Kinder zu erziehen. Widmer will damit nichts zu tun haben. «Die Familie muss so gut funktionieren, dass ich kaum merke, dass ich eine habe», ist sein Standardspruch und damit weiß jedes Familienmitglied, was es zu tun hat. Widmer hat auch eine junge Freundin, sie ist Brasilianerin und seine inoffizielle Begleiterin auf Geschäftsreisen. Ihr klagt er sein Leid über seine Mitarbeiter und freut sich, dass sie ihn so gut versteht. Max Widmers Sekretärin hingegen hat die Rolle des Vorzimmerweibels. Sie protokolliert die Sitzungen, verwaltet streng seine Termine und hält ihm den Rücken frei, indem sie nach eigenem Gutdünken Telefonanrufe weder ausrichtet noch durchstellt. Nach wichtigen Meetings stellt Widmer sich routinemäßig neben sie und fragt: «Na, wie war ich?», und ebenso routinemässig säuselt sie: «Gut und schlagkräftig wie immer, Herr Widmer.» Selbstverständlich hat sie die Pflicht, ihn an die

Geburtstage seiner Frau und die der Kinder zu erinnern, Weihnachtsgeschenke zu kaufen und seinen Hausumbau zusammen mit seiner Ehefrau zu organisieren und zu koordinieren, damit Widmer damit nichts zu tun hat. Widmers Sekretärin belegt den Rang einer Vizedirektorin, «damit sie ihm erhalten bleibt», wie er offen zugibt. «Wer hat es schon gerne, wenn jemand mit so viel internem Wissen das Pferd wechselt? Diesen Rang und diese Bezahlung wird sie in keinem andern Job erhalten.» Widmer hat sich also ein hübsches Königreich geschaffen, wichtige Leute (Ja-Sager und Technokraten) um sich geschart und sich reichlich zwielichtiges Wissen über mächtige Leute angesammelt, um sie allesamt hochgehen zu lassen, wenn sie ihm gefährlich werden sollten. «Schließlich hat ja jeder etwas Dreck am Stecken!»

Max Widmers Angst vor dem Gewöhnlichen ist so stark, dass er alles, was in seiner Macht steht, unternimmt, um an der Spitze zu bleiben. Er strebt nach Macht und Einfluss, um nicht im Sumpf der Masse des Gewöhnlichen zu versinken. Er ist nach außen hin orientiert («Er»-Thema) und sieht sich selbst nur so, wie andere ihn sehen. Das heisst, er hat zu seinem «Ich» bzw. zu seinem «Selbst» keinen guten Zugang. Würden wir einen solchen Menschen danach fragen, wie er sich selber charakterlich beschreiben würde, so würde er wohl andere ziemlich genau zitieren, und es würde uns so vorkommen, als spräche er von sich wie von einer dritten Person. Natürlich sucht er Menschen aus, die ihn bewundern und einzigartig finden. Er vergleicht sich gerne mit prominenten Größen wie dem Reichskanzler Otto von Bismarck. Strategische Projekte werden «Operation Hannibal» genannt, und geflügelte Worte wie zum

Beispiel aus Shakespeares «Julius Caesar»: «Bei Philippi sehen wir uns wieder», sind nicht selten. Die Gelegenheit zur Revanche wird kommen, heißt dies auch heute noch. Neid, Wut, Gier und Rachegedanken gehören zu seinen dominierenden Gefühlen, während Demut, Trauer und Reue kaum empfunden werden können.

Widmer manipuliert und kontrolliert seine Umwelt. So macht er sowohl seine Sekretärin, seine Ehefrau und auch seine Freundin mit materiellen Mitteln gefügig, während er andere Menschen aufgrund seines Wissens über ihre Fehltritte schlicht erpresst. Auf diese Weise kann er das Eigenbild seiner Größe und Macht scheinbar aufrechterhalten. Allerdings bricht dieses sofort zusammen, wenn seine Umgebung zum Schluss kommt, dass er doch nicht der «Größte» ist und ihm zum Beispiel im Fall einer Degradierung oder Entlassung weitere Bewunderung versagt. Oft löst eine derartige Situation bei solcherart strukturierten Menschen eine Selbstwertkrise aus, die nicht selten mit Alkohol, Beruhigungsmitteln oder anderen Drogen bekämpft wird. Einen Coach suchen sie hingegen selten auf.

In der Psychologensprache sprechen wir im Fall von Max Widmer von einer narzisstischen Persönlichkeit.

Daniel, der Misstrauische

Werfen wir noch einen Blick auf Max Widmers Sohn. Daniel Widmer ist ein junger Rechtsanwalt. Er hat übermäßige Angst vor Identifizierbarkeit. Darunter verstehe ich die Angst davor, Verantwortung tragen zu müssen, für schuldig befunden oder entwertet und herabgesetzt zu werden. Daniels Lebensmotto lautet deshalb: «Traue niemandem, außer er beweist dir das Gegenteil, und selbst dieser Beweis ist mit größter Wahrscheinlichkeit falsch.» Daniel wird von seiner Ex-Freundin als überaus eifersüchtig beschrieben. Einmal hat sie ihm ein Geschenk von einer Geschäftsreise mitgebracht. Diese Handlung interpretierte er sofort als Beweis dafür, dass sie fremd gegangen sei und ihr schlechtes Gewissen damit beruhigen wolle. Überhaupt darf sie keinem anderen Menschen außer ihm nahestehen, denn alle anderen, selbst ihre eigene Mutter, hätten einen schlechten Einfluss auf sie, meint er. Daniel ist sich sicher, dass niemand mit ihrer beider Liaison einverstanden ist. Alle wollen ihm Schlechtes. Deshalb muss er auch seine Partnerin möglichst lückenlos kontrollieren. Er stellt seiner Freundin nach, er überwacht sie, kontrolliert ihre Anrufe und Kontakte. Bei privaten und beruflichen Anlässen, zu welchen nur sie eingeladen ist, studiert er die Teilnehmerliste und entscheidet dann, ob er sie hingehen lässt oder nicht. Selten darf sie alleine hin, und wenn, dann fährt er sie und holt sie zu einer vereinbarten Zeit wieder ab. Natürlich beobachtet er anschließend sorgfältig, ob sie sich ihm gegenüber nicht anders verhält als noch vor dem Anlass und äußert Vermutungen, woran oder an wem es liegen könnte, wenn er sie als «verändert» wahrnimmt. Seine Freundin trennt sich denn auch von ihm mit der Begründung, dass alle seine Gedanken sich nur um ihn selbst drehen würden. Jede ihrer Handlungen und jedes ihrer Worte würde er verdrehen, auf sich beziehen und ihr negativ auslegen. Auch als Rechtsanwalt streitet er wegen jeder Kleinigkeit. Moderation oder juristische Vergleiche sind ihm fremd.

Auch seine Mitarbeiter beschreiben ihn als übertrieben empfindlich und nachtragend. Kleinere Streitigkeiten vergisst er nie und wirft sie den Angestellten auch nach Jahren noch vor. Grundsätzlich geht er davon aus, dass alle Mitarbeiter seiner Firma schaden, dass sie ihn finanziell ausnehmen und mehr verdienen wollen, als sie wert sind. Verliert er einen Rechtsprozess, ist er wochenlang schlecht gelaunt und schimpft über die Unfähigkeit und Korruption der heutigen Richter.

Daniel ist, ähnlich wie sein Vater, nach außen hin orientiert und hat innerlich keinen Bezug zu sich selber («Er»-Thema). Im Gegensatz zu ihm will er jedoch nicht an der Spitze stehen und bewundert werden, sondern verwendet seine ganze Energie darauf, nicht als «Dummkopf» dazustehen. Er will stets Recht behalten und steht hierin seinem Vater in nichts nach. Doch im Unterschied zu jenem vermutet er, dass die anderen ihm überlegen sein, ihn überwältigen und austricksen könnten. Im Unterschied zu seinem Vater ist Daniel von seinem Größen-Ich weniger überzeugt, er erlebt sich als minderwertig und geht davon aus, dass seine Welt für ihn kaum kontrollier- und manipulierbar ist. Er hat im Gegenteil den starken Eindruck, dass er von allen anderen kontrolliert und negativ beeinflusst wird. Also setzt er alles daran, selbst Kontrollmechanismen zu entwickeln, um sich einigermaßen sicher fühlen zu können. Dies jedoch wird ihm kaum gelingen, weshalb die Kontrollen stets verschärft und die Systeme ständig neu ausgeklügelt werden müssen. Auf der emotionalen Ebene neigt Daniel, wie sein Vater auch, vor allem zu Neid, Wut und Gier, während Traurigkeit, Reue oder Demut kaum empfunden werden können.

In der Psychologensprache bezeichnen wir Daniels Verhaltensmuster zur Unterdrückung der unverhältnismäßig starken Angst vor Identifizierbarkeit als paranoide Persönlichkeit.

Kapitel 5

Das Wichtigste in Kürze

Was treibt den Menschen im Leben an? Ich gehe davon aus, dass der Motor, der uns in Bewegung hält, die Angst ist. Wie sonst würde unsere Gattung überleben, wenn wir keine Angst vor dem Tod hätten? Alle Ängste lassen sich also im Grunde auf diese eine Angst vor dem Tod zurückführen. Da wir in unseren Breitengraden jedoch nicht täglich ums Überleben kämpfen müssen und uns der Tod nicht täglich beschäftigt, verschieben wir diese Urangst auf eine andere Ebene. Bei meinen Beobachtungen und wissenschaftlichen Studien bin ich auf drei Kategorien von Grundängsten gestoßen: die Angst vor dem Ausschluss aus der Gesellschaft (Gegenpol: die Angst vor der Überanpassung an die Gesellschaft); die Angst vor Stillstand (Gegenpol: die Angst vor Wandel); die Angst vor dem Gewöhnlich-Sein (Gegenpol: die Angst vor der Identifizierbarkeit).

Nicht alle Menschen empfinden alle drei Formen der Angst gleich stark. Die meisten Menschen ordnen sich einer oder vielleicht zwei dieser Kategorien zu. Äußerst selten kommt es vor, dass ein Mensch von allen drei Ängsten gleich beeinflusst wird.

Wir alle reagieren etwa gleich auf das Auftreten von Angst. Wir fliehen sie oder wir bekämpfen sie. Jedenfalls ist jeder bemüht, das Angstgefühl so gering wie möglich zu halten – so, dass es im Alltag möglichst nicht ins Bewusstsein dringt. Zu diesem Zweck entwickelt jeder Mensch Verhaltensstrategien. In diesen immer wieder gezeigten Verhaltens- und Einstellungsweisen spiegelt sich das, was uns wichtig im Leben ist – das, worin wir Sinn finden (dazu vergleiche auch Riemann, 2009, und Varga von Kibéd & Sparrer, 2009). Da diese charakteristischen Verhaltensmuster gegen außen hin sichtbar sind, lassen sich unterschiedliche Sinnkonzepte, Grundeinstellungen bzw. Typologien herausarbeiten. Ich bin der Meinung, dass jedes Sinnkonzept bzw. jede Grundeinstellung zum Leben eines Menschen auf einer oder vielleicht zwei der hier genannten Angstthemen beruhen.

Die Angst vor Ausschluss aus der Gesellschaft charakterisiert den sozialen Typ, der großen Wert darauf legt, in der Gesellschaft nicht unangenehm aufzufallen. Seine Handlungen wird er bewusst oder unbewusst darauf ausrichten, dass er von seinem Umfeld gemocht wird und die Menschen in ihn Vertrauen haben können. Nimmt dieses Verhalten die Extremform der Überanpassung an, so kann es sein, dass sich dieser Mensch zu stark von anderen abhängig macht und sich dabei erschöpft und darauf depressiv reagiert. Gegenpol dazu ist die Angst vor der Überanpassung an die Gesellschaft. Im Extremfall führt sie zur übermäßigen Distanzierung von anderen Menschen, emotionaler Kühle und Eigenbrötlertum, was in der Psychopathologie vielfach als schizoide Persönlichkeit bezeichnet wird.

Das zweite Angstthema ist die Angst vor Stillstand bzw. Wandel. Menschen, die vornehmlich diese Thematik in sich tragen, neigen dazu, sich möglichst viel und unterschiedliches

Wissen und zahlreiche Erfahrungen anzueignen. Es sind dies die Erkenntnistypen. Nimmt die Angst vor Stillstand ein extremes Ausmaß an, so erkennt man einen solchen Menschen daran, dass er sich verzettelt, viele Ausbildungen anfängt, kaum eine fertig macht und von einem Ereignis zum nächsten hüpft. Der Tiefgang scheint zu fehlen. Beziehungen sind eher oberflächlich und meist sexuell motiviert. Der Betroffene bewegt sich bühnenhaft, aufreizend und tendiert zum Drama. Solche Persönlichkeiten können in der Psychopathologie als histrionisch bzw. hysterisch bezeichnet werden. Der Gegenpol dazu ist die Angst vor Wandel. Solche Menschen haben Mühe, Entscheidungen zu treffen, sind übermäßig beflissen, genau und gewissenhaft. Sie neigen zu Sturheit und Rigidität und gelten daher oft als zwanghaft.

Die dritte Angstkategorie ist jene des Gewöhnlich-Seins und der Identifizierbarkeit. Menschen, die von diesem Thema dominiert werden, wollen sich von anderen Menschen abheben und sich durch besondere Leistungen auszeichnen. Es handelt sich hier um die Ordnungsstrukturtypen. Sie lieben Konkurrenzsituationen, sofern sie obsiegen können. Sie haben besondere Fähigkeiten, Systeme zu ordnen, zu strukturieren und zu organisieren. Die Extremform der Angst vor Gewöhnlich-Sein kennzeichnet den Machtmenschen. Er unterdrückt seine Umwelt, kontrolliert und manipuliert sie zu seinen eigenen Zwecken. Es gibt nur das «Für oder Wider mich». Wer widerspricht, wird aus seinem Kreis ausgeschlossen und «unschädlich» gemacht. Im Beruf bedeutet dies, dass derjenige, der Widerspruch geleistet hat, «auf ein Abstellgleis befördert» oder gar entlassen wird. Solche Persönlichkeiten werden als narzisstisch bezeichnet. Die Kehrseite dieser Angstform ist die übermäßige Angst vor der Identifizierbarkeit. Vertreter dieser Gruppe haben einen zu niedrigen Selbstwert und befürchten, sie könnten von Dritten für schuldig, dumm oder minderwertig angesehen werden («Die zeigen mit Fingern auf mich!»). Sie sind von Natur aus misstrauisch ihrer Umwelt gegenüber, vermuten hinter allen Aussagen und Handlungen Verschwörung und Niedertracht. Sie neigen zur Eifersucht und Streitsucht und gelten als nachtragend. Stetig sind sie auf der Hut, Misserfolge nicht auf sich nehmen zu müssen und nicht entwertet zu werden («Ich bin nicht schuld») und darauf bedacht, allfällig künftige Misserfolge anderen anhängen zu können («Du bist schuld, ich habe es schon vorher gewusst!»). Weil sie meinen, von der Umwelt kontrolliert, ständig beobachtet und hintergangen zu werden, sind sie darauf bedacht, Dritte möglichst selbst zu kontrollieren. Insbesondere nahestehende Personen werden stark in ihrer Freiheit beschränkt, und unmotivierte Eifersuchtsszenen sind nicht selten. Solche Persönlichkeiten bezeichnen wir in der Psychopathologie als paranoid.

Warum ist diese Einteilung in die verschiedenen Angst- und Typenkategorien sinnvoll und nützlich? Kennen wir unsere Ängste, so wissen wir auch, zu welchem Typus Mensch wir gehören. Daraus können wir ableiten, welches Verhalten wir als sinnvoll und motivierend bezeichnen. Welche Einstellung und Handlung wir also gerne zeigen, weil sie uns motiviert. Wir können herausfinden, ob der Beruf und unser berufliches Umfeld zu unserer Persönlichkeit und unserem Lebenskonzept passen. Passt alles zusammen, haben wir gute Chancen, psychisch und physisch gesund zu bleiben. Werden von uns hingegen ständig Dinge verlangt, die wir als uns fremd erleben, so ist das Risiko für eine psychische und damit auch physische Erkrankung hoch. Nehmen wir an, dass die Lehrerin Mia Werder sich entscheidet, in einer Großbank zu arbeiten. Sie müsste sich in einem Umfeld von Konkurrenz statt Anpassung an andere bewegen. Wie lange ginge das wohl gut? Auch Philip Matter, der in einem Großbetrieb viel Routinearbeit verrichten müsste, um die Karriereleiter hoch zu kommen, wäre dort wohl auch nicht glücklich. Zumal, da er den nächsthöheren Job nicht wegen Macht und Image erstrebt, sondern weil ihm dieser interessanter und der Tätigkeitsbereich breiter als der bisherige erscheint. Umgekehrt wäre Kurt Sutter wohl nicht zur beruflichen Selbstständigkeit geboren. Wen könnte er in seiner eigenen Firma denn «wegbefördern» oder gegen wen ankämpfen, wenn ihm seine Firma zu 100% gehört? Kein Messen mit anderen, keine Karriereleiter, kein Renommee als einfache Einmanngesellschaft! Sutter wäre definitiv nicht am richtigen Platz und würde sich mittelfristig umorientieren wollen.

Weiter erachte ich es als wichtig zu erkennen, wann eine Angst eine Extremform annimmt. Die Beispiele von Michelle und Otto Werder, den Schwestern Heike und Maria und von Max Widmer und seinem Sohn Daniel zeigen, wann Ängste und die daraus abgeleiteten Einstellungs- und Verhaltensweisen krankhafte Ausmaße annehmen. Da ich ähnliche Beispiele selber im Berufsleben angetroffen habe, weiß ich, dass sie tatsächlich in der Praxis vorkommen. Sie sollten erkannt und behandelt werden. Extremformen der Angst, die zu pathologischen Störungen führen können, sind meist nicht nur für den Betreffenden sehr belastend, sondern auch für sein soziales Umfeld.

Im nächsten Teil des Buches gebe ich deshalb ein paar Hinweise, was zu tun ist, wenn Angst krank macht. Auf die einzelnen Pathologien wird in diesem Buch allerdings nicht mehr näher eingegangen. Meines Erachtens ist es irrelevant, welche Bezeichnung eine psychologische Krise oder Störung erhält. Diese ist lediglich wichtig für die Abrechnung bei der Krankenkasse. Das therapeutische Gespräch hingegen erfolgt individuell, situativ, ziel- und nicht störungsbezogen.

Die Einteilung in die drei Angsttypen soll einerseits helfen, eigene Ängste zu erkennen und die damit zusammenhängenden Verhaltensmuster zu verstehen. Andererseits soll die Einteilung aber auch helfen, die Grundeinstellung von Dritten zu erahnen und deren Handlungsweisen einzuschätzen.

Teil III

Wenn die schlaflosen Nächte überhandnehmen: Vier Strategien, um schwierige Situationen zu bewältigen

Kapitel 1

Erste Strategie: Körperliche Symptome erkennen und wahrnehmen

Angst löst eine Stressreaktion im Körper aus. Hält ein Angstgefühl über Monate oder Jahre an, dann liegt chronischer Stress vor. Dieser wirkt sich sowohl auf die Psyche als auch auf den Körper aus.

Die häufigsten Reaktionen auf Angst vor einem feindlichen Angriff sind Kampf und Flucht («fight-or-flight-reaction»). Eine weitere und seltenere Form der Reaktion ist die Paralyse – die Erstarrung bzw. der Todstellreflex. Diese Reaktionen finden wir auch bei Tieren. Instinktiv setzt sich ein ausgewachsener Hund zur Wehr, wenn er sich angegriffen fühlt, er fletscht die Zähne, macht einen runden Rücken, legt seine Ohren nach hinten und stellt meist die Nackenhaare auf. Tiere, die sich weniger gut mit Zähnen oder Krallen wehren können, wie zum Beispiel Kaninchen oder Pferde, ergreifen im Angstzustand die Flucht. Gewisse Nachtfalter stellen sich tot, damit sie von Fledermäusen nicht entdeckt werden können. Dies sind Grundreaktionsformen, die wir überall in der Natur finden und über die auch der Mensch instinktiv je nach Situation verfügt. Da wir uns in unserer hochstehenden Zivilisation nicht ständig mit dem Tod auseinandersetzen müssen, die Urangst vor dem Tod aber dennoch im Menschen schlummert, verändern wir die Angstthematik mit Hilfe des Frontalhirns und können dadurch die Intensität der Angst abschwächen. Das Stirnhirn oder Frontalhirn ist zuständig für zielgerichtetes Handeln, Planen, Willensbildung, Entscheiden von Prioritäten, Impulskontrolle, emotionale Regulation, Beobachten von Handlungsergebnissen, Selbstkorrektur und Aufmerksamkeitssteuerung bzw. für alle kognitiven oder höheren mentalen Prozesse. Wir können die Todesangst also komplexer ausdifferenzieren und thematisch verändern. Daraus entwickeln wir zum Beispiel die Grundform der Angst vor Ausschluss aus der Gemeinschaft oder die Angst, uns nicht weiterentwickeln zu können bzw. die Angst, endlich zu sein. Doch wie auch immer wir die Angst sprachlich formulieren, die Angst als Grundgefühl und die sich daraus ergebenden Reaktionsmuster bleiben dieselben. Angst löst eine Stressreaktion aus, und der Körper schüttet je nach erlebter Intensität die entsprechende Menge an Stresshormonen wie Adrenalin – mit kurzfristiger Wirkungsdauer – und Cortisol – mit Langzeitwirkung – aus. Wir Menschen reagieren darauf mit erhöhter Aggressivität, Erregbarkeit, Nervosität, Wachsamkeit, Gereiztheit, Muskelanspannung, Zittern, Schwitzen, Kurzatmigkeit und/oder Mundtrockenheit. Herzschlag, Blutdruck, Muskeltonus und Atemfrequenz sind erhöht. Der Körper setzt Energiereserven frei, um die bedrohliche Situation gemäß des uns angeborenen und artspezifischen Grundmusters (preparedness) zu bewältigen und Flucht oder Kampf zu ermöglichen. Als weitere Folge der Angstreaktion werden nicht überlebenswichtige Funktionen herabgesetzt. So wird der Hunger unterdrückt, der gesamte Magen-Darm-Trakt ist gehemmt, das Schlafbedürfnis, die Wundheilung, das Schmerzempfinden, die Speichelproduktion und die sexuelle Aktivität sind stark reduziert. Im Gegenzug werden Wachheit und Konzentration gefördert. Das Stresshormon Cortisol ist in der Psychologie gut untersucht, weil es einen wichtigen Parameter für den Stresslevel des Menschen darstellt. Cortisol wird auf Befehl des Gehirns ausgeschüttet und hat zusätzlich eine immunsuppressive Wirkung. Das heißt, es werden zum Beispiel allfällige Grippesymptome unterdrückt. In einer kurzfristigen Stressphase zeigen Menschen selten Grippesymptomatiken. Bei chronifiziertem Stress hingegen, wenn die Cortisolkonzentration über längere Zeit über dem individuellen Basiswert liegt, kann es allerdings zu Komplikationen wie der Schwächung des Immunsystems kommen. In diesem Fall der Überproduktion von Cortisol besteht ein erhöhtes Risiko für den Anstieg von Infektionskrankheiten, Anfälligkeiten für koronare Erkrankungen (Herz-Kreislauf-Beschwerden), Schlafstörungen und für Gedächtnisschwierigkeiten. Zudem ist ein Übermaß an ausgeschüttetem Cortisol über eine längere Zeitdauer schädlich für den Hippocampus. Dieser Gehirnteil liegt im Mittelhirn und gehört zum limbischen System. Er ist wichtig für die Überführung neuer Gedächtnisinhalte ins Langzeitgedächtnis. Wird dieser Teil des Gehirns durch eine erhöhte Cortisolausschüttung beschädigt, führt das zu einer Verschlechterung der Gedächtnis- und Konzentrationsleistung. Nicht selten suchen Menschen in chronischen Stresssituationen den Neurologen auf, um ihre mangelnde Gedächtnisleistung abklären zu lassen.

Solange der Angstzustand andauert, reagiert unser Körper

mit den entsprechenden Signalen. Diese führen den Betroffenen häufig zum Arzt, der dann nicht selten eine psychische und keine körperliche Ursache feststellt. So sehr die Stresshormone also kurzfristig Kräfte bzw. Energiereserven freisetzen und gleichzeitig eine hohe Konzentration und Wachheit bewirken, so schädlich sind sie für den Körper, wenn sie über eine zu lange Zeitdauer im Übermaß produziert werden.

Deshalb ist es wichtig, dass jeder Mensch seinen Körper kennt, solche ungesunden Veränderungen frühzeitig wahrnimmt und etwas dagegen unternimmt.

Die Erfahrung zeigt, dass vor allem Personen, die sehr viel Sport betreiben, über die Grenzen ihrer Kraft hinausgehen. Beim Sport lernen sie, dass immer noch mehr möglich ist, auch wenn die Kräfte nachlassen. Mit ihrem starken Willen, ihrer hohen Eigenmotivation und unter der Ausschüttung von Stresshormonen bringen sie es zu weiteren und noch höheren körperlichen Leistungen. So hat mir einmal eine Klientin berichtet: «Wenn ich mit dem Fahrrad bereits vier Pässe hintereinander gefahren bin und denke, jetzt klappst du dann zusammen und kannst nicht mehr, dann kommt irgendwoher eine verlässliche Kraft und ich weiß, es liegt immer noch ein Pass mehr drin. Auch der fünfte geht noch, wenn ich es nur will!» Diese Strategie wird dann sehr häufig auch auf den Alltag im Beruf angewendet. Schmerzen und andere körperliche Signale werden ignoriert oder aufgrund der übermäßig hohen Stresshormonausschüttung gar nicht mehr wahrgenommen. So kann es geschehen, dass diese Person in einen physischen und psychischen Zusammenbruch schlittert und schließlich auch beim besten und stärksten Willen die Kraft nicht mehr aufbringen kann, morgens aufzustehen und ins Büro zu gehen. Die anschließende Therapie ist langwierig und meist nur unter medikamentösem Einsatz möglich. Oft ist ein Klinikaufenthalt unumgänglich.

Je besser ein Betroffener seinen Körper kennt und Veränderungen wahrnimmt, umso schneller wird er reagieren und desto kürzer ist die anschließende Behandlungsdauer.

Ich verdeutliche diese Ansicht mit einem Beispiel:

Fabio P. kommt in meine Praxis. Er macht einen müden, schläfrigen und stark verlangsamten Eindruck. Das Sprechen fällt ihm schwer. Sein Blick ist leer und nach innen gekehrt. Er klagt über mangelnde Konzentrationsfähigkeit und verminderten Appetit. Außerdem schläft er seit etwa vier Wochen nachts noch knapp drei, höchstens vier Stunden. Am schlechtesten schlafe er vom Sonntag auf den Montag, in dieser Nacht sei er innerlich am stärksten getrieben, nervös und habe Herzrasen, Atemnot, Schweißausbrüche, einen ganz trockenen Mund, und er werde immer wieder von Albträumen heimgesucht. In den Wachphasen habe er Fluchtgedanken. So in der Art, dass er hier sein Leben in der Schweiz abbrechen, auswandern und irgendwo auf einem anderen Kontinent neu beginnen wolle. Diese Gedanken seien vom Sonntag auf den Montag besonders drängend und trieben ihn aus dem Bett. Er tigere dann in der Wohnung herum und wisse nicht, was er mit sich anfangen solle. Während der Woche seien diese Gedanken nicht so stark und der Schlaf leicht verbessert, doch oberflächlich, kurz und immer wieder durch Wachphasen unterbrochen. Bis jetzt habe er so durchhalten können, weil er in den Nächten von Freitag und Samstag relativ gut schlafen kann. Im Grunde fühle er sich wie eine Maschine, die einfach funktioniere. «Ich fühle mich wie ein Roboter und spüre weder meine Hände noch meine Füße richtig. Sie sind wie fremde Gliedmaßen. Ich stehe völlig neben mir.» Fabio kann nicht sagen, wann diese Symptome genau begonnen haben. Es sei auch beruflich und privat nichts Besonderes vorgefallen. Er gibt an, dass im Grunde in seinem Leben alles normal verlaufe. Auch seine Stimmung sei bis auf die Fluchtgedanken in der Nacht in Ordnung. Er sei weder hoch noch tief gestimmt, alles sei einfach gleichförmig. Es folgen mehrere Sitzungen mit zusätzlicher ärztlicher Begleitung und Einsatz von Antidepressiva und körperorientierter Therapie (Yoga und Akupunktur). Diese Maßnahmen helfen. Fabio fühlt sich körperlich viel besser. Nach vier Wochen haben sich sein Schlafverhalten und die körperliche Symptomatik deutlich verbessert, die Albträume und Fluchtgedanken sind weniger geworden. Auch seine körperlichen Gefühlsstörungen lassen allmählich nach. Ich stelle fest, dass er nun auf der Gefühlsebene zugänglicher wird und sich auch besser auf das Gespräch konzentrieren kann. Nach und nach stellt sich heraus, dass Fabio auf einen Marathon hin trainiert und im Sport regelmäßig über seine Leistungsgrenzen hinausgeht. Muskelschmerzen und auch Entzündungen ignoriert er. «Ich habe gemerkt, dass die Schmerzen verschwinden, wenn ich einfach weitertrainiere!» Er ist stolz darauf, diese außergewöhnliche körperliche Leistung erbringen zu können. Der Nachteil dieser Strategie ist wohl, dass der Körper mit der Zeit abstumpft und taub wird. Diesen Zustand umschreibt Fabio mit der Aussage, er fühle sich wie ein Roboter. Fabios Körper hat vermutlich gelernt, dass auf Schmerzsignale nicht angemessen reagiert wird, und hat auf «ständige Gefährdung» umgestellt. Das heißt, die Signale zur Reduktion der Stresshormone bleiben aus, und diese werden nun fortwährend, also auch in nichtbedrohlichen Situationen, ausgeschüttet. Fabio reagiert darauf offenbar unwillkürlich mit Fluchtgedanken, Herzrasen, Atemnot, Bluthochdruck, Schweißausbruch, Mundtrockenheit, Appetitlosigkeit und Schlafstörungen. Auch als IT-Projektleiter in einem multinationalen Konzern ist Fabio vielfach physisch belastet. Überstunden gehören zur Norm, insbesondere in den Schlussphasen von Projekten muss er oft monatelang mit unregelmäßige Mahlzeiten und wenig Schlaf auskommen und dennoch konzentriert Leistung erbringen. Es scheint nur folgerichtig, dass er Sport und Beruf verbunden hat und auch im Beruf jahrelang über seine körperlichen Möglichkeiten gelebt hat. Die bisherige Erfahrung hat ihm ja gezeigt, dass es möglich ist, die eigenen Grenzen zu ignorieren. Zudem sind in Fabios Leben ein paar schwierige Ereignisse zusammengekommen. Fabio hat sich vor einem halben Jahr von seiner Frau getrennt und einige Monate später ist er nicht, wie erwartet, zum Bereichsleiter befördert worden. Fabio merkt im Nachhinein auch, dass er schon ein halbes Jahr vor der Trennung immer wieder unter Schlafstörungen gelitten und Schmerzen im Rücken-, Muskel- und Bauchbereich festgestellt hat, die er aber, wie gewohnt, überging. Auch war er im vergangenen Jahr alle paar Wochen an unterschiedlichen Infekten erkrankt. Dennoch ist er jeweils weiter zur Arbeit gegangen; krankschreiben ließ er sich nicht. Deshalb hat er mir in den ersten Sitzungen stets beteuert, sich bis vor Kurzem immer gesund gefühlt zu haben. «Gesund ist, wer zur Arbeit gehen kann, und krank, wer zuhause im Bett liegen muss.» So definiert Fabio Gesundheit. Nach mehreren

Sitzungen erkennt Fabio, dass er früher schon körperliche Symptome hätte wahrnehmen können und dass es zudem Ereignisse in seinem Leben gegeben hat, die mitverantwortlich für den Zusammenbruch und die körperlichen Symptome gewesen sind. Allmählich sieht er einen Zusammenhang zwischen den Fluchtgedanken, Albträumen, Schweißausbrüchen, dem Herzrasen und seinem Gefühl von Angst. Fabio hat Angst vor beruflichem und privatem Versagen. Das Gefühl versagt zu haben, stellt sich bei ihm nicht nur bei Beziehungsabbruch oder Nichtbeförderung ein, sondern auch bei allen Arten von Kritik. Versagen bedeutet für Fabio Ausschluss aus der Gemeinschaft. «Wer versagt, bleibt allein auf der Welt», ist einer seiner Glaubenssätze. In weiteren Sitzungen gehen wir der tieferen Bedeutung dieses Satzes nach und formulieren ressourcenreichere, hilfreichere Leitsätze. Fabio wird außerdem für acht Wochen krankgeschrieben und soll danach zunächst zeitlich reduziert als Projektmitglied an den Arbeitsplatz zurückkehren. In dieser Zeit geht er regelmäßig zur Akupunktur und probiert Yoga und Shiatsu aus, um seine Körperwahrnehmung zu schulen. Bis er seine angestammte leitende Funktion zu hundert Prozent wieder übernehmen kann, wird es noch ein weiteres halbes Jahr dauern. Zwei Jahre lang kommt Fabio P. noch einmal im Monat zu einer Sitzung. Dies gibt ihm die Sicherheit, dass er frühzeitig einen Rückfall erkennen und rascher darauf reagieren könnte. Nach einem Jahr Therapie wurde das Antidepressivum reduziert und schließlich abgesetzt. Heute erinnern ihn körperliche Symptome wie Kopf-, Rücken- und Muskelschmerzen daran, dass er an der Grenze seiner energetischen Möglichkeiten angelangt ist, und er weiß, dass dann zum Beispiel ein Spaziergang im Wald oder Schwimmen, Shiatsu und regelmäßige Yogaübungen helfen, sich energetisch wieder aufzuladen. Er hat neue psychologische Bewältigungsstrategien erlernt.

Fast ein Dreivierteljahr ist eine eher lange Zeit für einen hundertprozentigen Wiedereinstieg in den Beruf. Eine frühzeitige Erkennung des Problems hätte bedeuten können, dass Fabio gar nicht aus dem Beruf hätte aussteigen müssen oder dass die Phase des Wiedereinstiegs deutlich hätte verkürzt werden können. Fabio hatte Glück, dass der Arbeitgeber diesen längeren Prozess mitgetragen und sorgfältig begleitet hat. Projektarbeiten bieten gute Möglichkeiten, um mit Teilzeit und mit beschränkter Verantwortung wieder einsteigen zu können. Große Unternehmen haben in der Regel genügend Leute, um Vertretungen organisieren zu können. Fabio hatte also ideale Arbeitsbedingungen, um nach der Bewältigung seines Einbruchs wieder an seinen angestammten Arbeitsplatz zurückkehren zu können. Nicht alle Arbeitnehmer haben dieses Glück, ihnen wird die Kündigung nahe gelegt, oder im besseren Fall werden sie zurück- und häufig in eine andere Abteilung versetzt. Bis heute, also drei Jahre nach dem Vorfall, hat sich das Vorgehen des gestaffelten Wiedereinstiegs für Fabio bewährt. Seit einiger Zeit ist Fabio Bereichsleiter, dennoch nimmt er sich die Zeit für regelmäßige Waldspaziergänge, Schwimmen und Yoga. In schwierigeren psychologischen Situationen bucht er frühzeitig eine Sitzung für ein psychologisches Gespräch. Fabio sagt, dass er sich heute körperlich wohl und psychisch stabil fühlt.

Kapitel 2

Zweite Strategie: Sonntagabendblues vermeiden und die eigenen Gefühle ernst nehmen

Angst wird häufig dann erlebt, wenn jemand sich einer Situation ausgeliefert und nicht mehr handlungsfähig fühlt. «Angor» heißt im Lateinischen Angst und bedeutet auch «Enge», «Beklemmung» oder «Würgen». Das Erleben von Enge und das Sich-nicht-mehr-frei-Bewegen und Entspannt-Atmen-Können machen Angst.

Nehmen wir an, Ihr Arbeitgeber kündigt eine größere Reorganisation mit Personalabbau an. Sie wissen nicht, wen es treffen kann und können dies mit Ihrer Leistung auch nicht beeinflussen, weil die Entscheidung, welche Abteilung gestrichen wird, mit Ihnen selbst und Ihrer Leistung nichts zu tun hat. Sie sind vielleicht gegen fünfzig Jahre, haben eine Familie und Kinder in der Ausbildung, eine Hypothek zu zahlen und keine größere Erbschaft in Aussicht. Kurz, Sie sind auf Ihre Einkünfte angewiesen und können sich nicht die geringste finanzielle Einbuße leisten. Verständlicherweise werden Sie sich große Sorgen über Ihre Zukunft, um Ihr Überleben in dieser Firma machen und überlegen, ob und wie es anders weitergehen könnte. Große Sorgen bedeuten für das limbische System jedoch nichts anderes als Angst. Gleichzeitig sind Ihnen die Hände gebunden, und es fällt Ihnen im Moment nichts ein, was Sie gegen diese Sorge tun könnten. Sie bringen einen großen Einsatz am Arbeitsplatz, bringen Erfahrung und langjähriges Wissen mit, Sie machen Überstunden und trotzdem geht es Ihrer Firma schlecht, weil im Moment aufgrund äußerer Umstände, wie zum Beispiel der Finanzkrise, eine schwache Wirtschaftslage herrscht. Es ist nicht absehbar, welche Abteilungen in Ihrem Betrieb aufgelöst werden, und es ist auch nicht berechenbar, wie viele Personen die Kündigung erhalten werden. Sie können nichts anderes tun, als weiterhin – so wie bisher – Ihre Arbeit zu erledigen. Löst das nicht auch Wut aus? Wut, dass gerade Sie dieses Schicksal trifft? Wut, auf jene mehr oder weniger unbekannten Menschen, die aus Ihrer Sicht vielleicht für diese Finanzkrise mitverantwortlich sind? Wut auf Ihre Vorgesetzten, die einfach so über Ihre Zukunft bestimmen können? Und was ist mit der Trauer? Trauer über Ihre Situation? Trauer, dass Sie nichts dagegen unternehmen können? Oft trauern Menschen bereits über einen in der Zukunft vermuteten Verlust. Also könnte es sogar sein, dass Sie als Betroffener bereits Trauer über einen möglichen Jobverlust empfinden, obwohl Sie noch im Anstellungsverhältnis stehen und vielleicht auch in Zukunft gar nicht entlassen werden.

Vermutlich akzeptieren Sie die Wut, die sich vielleicht eher gegen außen, gegen Dritte richtet, am ehesten als Gefühlszustand. Trauer ist im Berufsleben wenig akzeptiert. Trauer schwächt das Selbstwertgefühl, weil meist ein Ich-Bezug zur Situation hergestellt wird («Ich habe so lange und so viel gearbeitet, warum trifft es mich? Hätte ich diese Situation verhindern können?»). Trauer löst nicht selten Schuldgefühle aus: «Wenn ich doch nur eine Zusatzausbildung gemacht hätte, dann wäre ich heute marktfähiger und könnte selber kündigen!» Im Übrigen ist Angst ein Gefühl, das wir uns ungern eingestehen. Angst haben nur Hasenfüße. Wer Angst hat, ist schwach und kann sich nicht wehren. Es besteht nämlich die fälschliche Annahme, dass jemand, der kämpft, keine Angst empfindet, was natürlich so nicht stimmt. Angst kennt beides, «Kampf» und «Flucht». Auch wer kämpft, kann Angst empfinden, geht aber davon aus, dass er der Stärkere ist und demzufolge obsiegen wird; er hofft, dass sich auf diese Weise die Situation zu seinen Gunsten verändern wird. Während dem «Flüchtenden» nachgesagt wird, dass er (zu) schwach sei und ihm nichts anderes übrig bleibe, als sich aus dem Staub zu machen. Das stimmt ebenfalls so nicht. Bei der Flucht handelt es sich schlicht und einfach um eine andere Strategie der Situationsbewältigung. Ziel der Flucht sind ebenfalls die Angstbewältigung und der Wunsch nach Veränderung der Situation hin zum Positiven. Und auch diese Strategie kostet Energie und benötigt Kraft. Die Frage ist bloß, welches die nützlichere Strategie ist, um die Situation zu bewältigen, und welches Ziel verfolgt werden soll. Im Fall der Reorganisation sieht der Betroffene vielleicht weder die Möglichkeit zu kämpfen noch die Möglichkeit zu fliehen, das heißt zu kündigen. Er sieht nur die Möglichkeit, abzuwarten und auf eine gute Lösung von außen zu hoffen. Als Angstbewältigungsstrategie würde hier wohl am ehesten jene der Erstarrung passen. Der Betroffene erledigt ohne zu murren und vor allem ohne aufzufallen seinen Job und hofft, dass er weder für eine Beförderung noch für die Entlassung «gesehen» wird. Diese Strategie erachtet er im Moment als die nützlichste von allen, und vielleicht entspricht sie auch seinem Wesen.

Vermutlich erkennen Sie nun, dass es mit den Gefühlen gar nicht so einfach ist. Sie vermischen sich und lösen oftmals ein richtiges Durcheinander aus. Versuchen Sie, die Gefühle zu ordnen, dann kommen Sie wohl nicht umhin, sich Gedanken über Ihre Situation zu machen. Meist löst das Gefühlschaos jedoch gleichzeitig ein Gedankenwirrwarr aus. Unwillkürliches Gedankenkreisen stellt sich ein, das der Betreffende willentlich nicht stoppen kann. Alles dreht sich mental um das angstauslösende Ereignis. Es sind meist dieselben immer wiederkehrenden Gedanken, die weder abgestellt noch kontrolliert werden können. Das Gedankenkreisen wird jedoch nicht als hilfreich oder entlastend erlebt, sondern im Gegenteil als störend und belastend. Es hilft bei der Lösungsfindung nicht, sondern erschöpft. Es hindert Sie am Schlafen. Dabei tritt das Grübeln bei vielen Menschen in der Nacht vom Sonntag zum Montag auf. Der Wechsel von der Freiheit, selber über sich und den Tagesablauf bestimmen zu können, hinein in die Zwänge und Probleme des Berufsalltags wird oft als sehr schwierig empfunden. Zudem wird die Arbeit oft als sinnentleert und entfremdet erlebt. Entsprechend häufig wird in dieser Nacht zu Schlafmitteln gegriffen, um das Gedankenkreisen abzustellen. Generell grübeln Frauen bedeutend häufiger als Männer. Männer können sich eher von ihren Gedanken lösen, sich ablenken und mit Kollegen ein Bier trinken gehen. Frauen hingegen neigen eher zur Strategie der Informationssammlung und Stressbewältigung durch Ausdiskutieren von Problemen. Dies kann vor allem dann nützlich sein, wenn die neuen Informationen hilfreich sind, die Situation in einem anderen Licht zu sehen oder eine Lösung zu finden. Allerdings besteht auch die Gefahr, dass dieselbe Situation mit unterschiedlichen Drittpersonen besprochen wird und diese dann mehr oder weniger nützliche und oft auch sich widersprechende Ratschläge geben. Auf diese Weise drehen sich Frauen mit ihren Problemstellungen nicht selten im Kreis, grübeln und verlieren, ohne eine Lösung gefunden zu haben, sehr viel Energie. Diese Neigung zum «Gedankengrübeln» erhöht das Risiko einer Depressionserkrankung.

Möglicherweise denken Sie nun, dass es wohl besser wäre, solche Gefühle erst gar nicht zuzulassen, um diesem Chaos zu entgehen. Davon rate ich Ihnen jedoch aus längerfristigen Überlegungen dringend ab. Die Gedanken über Gefühlszustände sind für das Frontalhirn zwar kontrollier- und zuweilen auch unterdrückbar, für das limbische System jedoch nicht. Dort sind die Instinkte angesiedelt. Das heißt, die Gefühlszustände treten auf, ob Sie wollen oder nicht. Wie wir im vorhergehenden Kapitel gesehen haben, setzt Angst den Stoffwechsel im Körper in Gang. Bei Angst wird der Körper in Aktionsbereitschaft, meist in «Kampf- oder Flucht-Bereitschaft» versetzt. Das heißt nichts anderes, als dass der Körper in Alarmbereitschaft ist und Stresshormone ausschüttet. Was die Ausschüttung von Cortisol langfristig bewirkt und in welcher Weise dieses Hormon den Körper schädigen kann, wurde andernorts besprochen. Willentliche Unterdrückung kann diesen automatischen Prozess also nicht stoppen und kann Sie physisch und psychisch krank machen, sofern Sie langfristig nichts dagegen tun. Besser ist es also, Sie versuchen die Gefühle zu erkennen, wahrzunehmen und zu benennen. Hilfreich könnte dabei ein neutraler Berater außerhalb Ihres sozialen Umfeldes sein, der mit Ihnen eine Situationsanalyse vornimmt und Ihre Gefühle einzuordnen und damit umzugehen hilft.

Was blockierte Gefühle physisch und psychisch bewirken können und wie nützlich es sein kann, durch Reflexion neue Einsichten zu gewinnen und durch Veränderungen eine erhöhte Lebensqualität zu erreichen, zeigt folgendes Beispiel:

Vera R. (33) kommt zu mir in die Praxis und berichtet über starke Muskelbeschwerden, Müdigkeit, Kopf- und Magenschmerzen und starkes Schwitzen in der Nacht. Sie arbeitet als Direktionsassistentin in einer Immobilienfirma. Kürzlich stand sie am Morgen am Büroeingang und schaffte es auch unter größter Willensanstrengung nicht, in das Büro einzutreten. Sie hatte schon einige Male zuvor festgestellt, dass sie die Klinke der Bürotüre nur unter größter Mühe und Kraftanstrengung herunterdrücken konnte. Sie schämte sich jedoch, dies gegenüber Dritten anzusprechen. Nun gelingt es ihr schon am Pforteneingang nicht mehr, durch die Drehtüre zu gehen, um ins Bürogebäude einzutreten. Darüber ist sie so erschrocken, dass sie sich ihrer Mutter anvertraut hat. Diese hat ihr empfohlen, einen Coach aufzusuchen. Zuvor war Vera noch bei ihrem Hausarzt, um die körperlichen Symptomatiken abklären zu lassen. Der Arzt meinte, dass die unterschiedlichen Schmerzen und Symptome keine körperliche Ursache hätten. Einzig der Blutdruck sei für ihr Alter etwas hoch, was jedoch mit Stress zusammenhängen könne. Auch er riet ihr zu einer psychologischen oder psychiatrischen Abklärung. Für mich ist der ärztliche Befund immer sehr wichtig, da aus meiner Sicht zunächst die körperlichen Krankheiten behandelt werden sollten. Vera beschreibt sich persönlich als unkompliziert, anpassungs- und teamfähig. Sowohl ihr berufliches wie auch ihr privates Umfeld bezeichnet sie als intakt. Nennenswerte Probleme, sagt sie, beschäftigen sie nicht. Im letzten Jahr sei sie jedoch für ihre Verhältnisse sehr häufig an Infekten erkrankt. Doch hätte sie das nicht weiter beunruhigt, da sie vermutlich die Schweinegrippe gehabt habe, die sie doch sehr geschwächt hätte. Danach sei sie alle paar Wochen erkältet gewesen und häufig an grippalen Infekten erkrankt. Auf der Gefühlsebene gehe es ihr gut. Sie sei ausgeglichen und könne nicht sagen, dass sie besonders positive oder auch negative Gefühlszustände habe. Sie sei überhaupt keine von den Frauen, die ständig wegen jeder Kleinigkeit hysterisch reagierten, eingeschnappt und beleidigt seien. Sie neige aber auch nicht zu übertriebener Fröhlichkeit. Es gehe ihr gut, sie habe alles zum Leben, was sie brauche – eine Wohnung, einen gutbezahlten Job, einen Freund und eine wunderbare Familie. Da gäbe es nichts, worüber «man» sich beklagen könne. Dieses «man» in der dritten Person interessiert mich. Es gibt viele Menschen, die im «Du»- und «Man»-Modus sprechen. Das können Angewohnheiten sein, die unbedeutend sind. Im Falle von Vera, die ja sichtbar mit starken psychosomatischen Symptomen vor mir sitzt, könnte diese Sprechweise ein Hinweis darauf sein, dass sie sich nicht erlaubt, Unzufriedenheit oder Probleme zuzulassen. Warum? Der Hintergrund ist sehr häufig ein ethisch-moralischer. Eine Autorität, meist die Eltern, ein Lehrer, der Staat oder die Kirche fordern Zufriedenheit, Einsicht, Anpassung und Nächstenliebe. Schließlich ermöglichen sie, dass die Kinder, die Schüler, die Bürger oder die Kirchengemeindemitglieder ein schönes Zuhause, eine gute Ausbildung, Wohlstand und Heilsversprechung bekommen. Auch Konfessionslose kennen in unserem Kulturkreis das Matthäusevangelium und insbesondere die Stelle der Bergpredigt, wo Jesus verkündet: «Selig die Barmherzigen; denn sie werden Erbarmen finden. Selig, die, die ein reines Herz haben; denn sie werden Gott schauen. Selig, die Frieden stiften; denn sie werden Söhne Gottes genannt werden. Selig, die um der Gerechtigkeit willen verfolgt werden; denn ihnen gehört das Himmelreich.» Solche Sätze sind uns bewusst oder viel häufiger unbewusst erstaunlich präsent, und daraus leiten viele Menschen Verbote ab: Nicht aufzubegehren, sich nicht in den Vordergrund zu stellen, nicht undankbar zu sein, stets für Dritte ein offenes Ohr zu haben und dem Leben nicht zu viel abverlangen zu wollen. Vera lebt, wie sich nach und nach herausstellt, unbewusst nach diesen Vorgaben. Natürlich hat sie alles, was sie zum Überleben benötigt, und natürlich gibt es immer jemanden, dem es aus ihrer Sicht schlechter geht, der weniger besitzt oder kränker ist als sie. Vera unterdrückt den Wunsch, für ihre Arbeit von Dritten anerkannt zu werden, ein eigenes, unabhängiges Leben zu führen und ihren eigenen Bedürfnisse zu folgen. Sie hat den Zugang zu ihren Gefühlen blockiert, weil diese ihr sonst die Diskrepanz des subjektiven Ist- und Soll-Zustandes signalisiert hätten. Sie empfindet ganz selten Wut, Trauer oder Angst. Richtig freuen mag sie sich nur über wenige Dinge, doch auch da fehlt die Ausgelassenheit und Tiefe dieses Gefühls. Nach einigen Sitzungen stellt sie selber fest, dass sie eine recht leere Hülle sei, die endlich mit etwas Sinnvollem gefüllt werden müsse. Sie empfindet ihr Leben als einzwängend, eng und monoton. «Ich bin ein Vogel in einer Voliere. Er hat seine Artgenossen um sich, kriegt genügend zu fressen und zu trinken, nur fliegen, dahin wohin er will, das kann er nicht.» Wohin würde Vera fliegen, wenn sie könnte? Da strahlt sie zum ersten Mal übers ganze Gesicht, ihre Atmung verlangsamt sich und auch die Stimme wird tiefer und ruhiger: «Nach Kanada!» Allmählich stellt sich heraus, dass Vera eine Jugendfreundin hat, die mit ihrer Familie nach Kanada ausgewandert ist. Die beiden Freundinnen sind über Jahrzehnte, bis heute in Kontakt geblieben. Sie schreiben sich E-Mails, worin sie die unterschiedlichen Lebensformen und Kulturen beschreiben. Vera hatte sehr lange den Wunsch gehegt, dorthin zu reisen, war sich aber nicht sicher, ob sie den Abschied von Kanada ertragen und ohne Weiteres in die Schweiz, in ihr gewohntes Leben, würde zurückkehren können. Das Risiko, plötzlich mit einem ganz anderen, neuen Leben konfrontiert zu werden und dadurch vielleicht das alte Leben nicht mehr begehrenswert zu finden, schien ihr zu hoch. Den Wunsch nach einem neuen Leben findet sie zudem vermessen. Sie stellt sich vor, dass ihre Eltern sagen könnten: «Typisch emanzipierte Frau, keine Kinder und unverheiratet! Wie egoistisch! Sie ist auf dem Selbstverwirklichungstrip!» Bei diesem Satz empfindet sie Trauer und Wut. «Sie werden mich mit meinem Wunsch nicht ernst nehmen!» Auch am Arbeitsplatz fühlt sie sich von ihren Vorgesetzten nicht ernst genommen. Diese betrauen sie nämlich, nebst den normalen Assistenzaufgaben, mit berufsfremden Aufgaben wie dem Einkaufen von Geschenken für Patenkinder, Organisieren von privaten Festen und dem Schreiben von privater Korrespondenz. Nach und nach stellt sich heraus, dass Vera sich unterschätzt und ausgeliefert fühlt. Solche Situationen machen Angst. Vera ist der Überzeugung, dieses Leben so absolvieren zu müssen, weil Eltern, Vorgesetzte, Staat und am Schluss vielleicht sogar die religiöse Erziehung es von ihr verlangen. Sie will nicht unhöflich und undankbar sein. Sie findet auch keinen nennenswerten Grund, um gegen dieses Leben aufzubegehren. «Denn ‹eigentlich› müsste ‹man› in dieser Situation doch zufrieden sein!»

Das Ansprechen ihrer Angst vor der Ausweglosigkeit, der Fremdbestimmung und des Ausgeliefertseins und der Trauer und Wut über ihre eigene Gleichgültigkeit in dieser Situation sowie des eigenen Nicht-ernst-Nehmens ihrer Wünsche und Bedürfnisse bewirkt, dass Vera sich zunehmend entspannt. Auch bezüglich ihrer Eltern nimmt sie einen anderen Blickwinkel ein. Sie erklärt sich die mögliche Reaktion ihrer Eltern damit, dass diese vermutlich Angst davor haben, ihre Tochter an Kanada zu verlieren. Ihr Aufbegehren könnte ja auch ein Zeichen dafür sein, dass sie ihre Tochter in ihrer Nähe behalten wollen. Vera bespricht ihre Themen im geschützten Rahmen des Coachings und kann davon ausgehen, dass ihre Umwelt davon nichts erfährt. So ist es möglich, dass sie ihren Gedanken und Wünschen freien Lauf lassen kann, ohne dass sie Dritte brüskiert oder aufgrund von Äußerungen gegenüber ihrem Umfeld mit entsprechenden Erwartungshaltungen konfrontiert wird: «Fliegst du nun nach Kanada, oder redest du bloß immer davon?» Vera kann in Gedanken risikolos ausprobieren, wie es wäre, nach Kanada auszuwandern, ohne dass sie sich dafür oder dagegen entscheiden muss und ohne dass sie von außen in ihren Argumenten beeinflusst wird. Ihr körperlicher Zustand verbessert sich dadurch sehr rasch. Sie schläft besser, hat dadurch mehr Energie und ist innerlich ruhiger. Zusätzlich helfen ihr auch Meditationsübungen bzw. kurze Pausen, in denen sie sich an einen angenehmen Ort zurückzieht, um sich ihrer Befindlichkeit bewusst zu werden. Auch die regelmäßigen Besuche bei der Körpertherapeutin helfen ihr, innere Blockaden zu lösen und sich zu entspannen. Mit ihrem Arbeitgeber bespricht sie ihre psychischen Probleme und erhält ohne Weiteres eine dreiwöchige Auszeit. In dieser Zeit unterzieht sich Vera einem dichten Programm von verschiedenen Körpertherapien, Meditationsübungen, Sport und Coachinggesprächen. So kommt sie wieder zu Kräften, um an den Arbeitsplatz zurückzukehren. Vera entscheidet sich, ihrem Traum «Kanada» näherzukommen, indem sie einen Monat unbezahlten Urlaub nimmt, um ihre Freundin zu besuchen. Sie vermutet, dass dies vorerst ausreichen könnte, um ihren Durst zu stillen und um sich zu überlegen, welche Punkte in ihrem Leben verändert werden könnten. Es ist wohl nicht nötig, dass Vera ihr ganzes Leben auf den Kopf stellt, um glücklich zu sein. Rund vier Monate nach der ersten Therapiesitzung reduziert Vera ihr Arbeitspensum auf 70% zu Gunsten einer Ausbildung als Körpertherapeutin. Diese berufliche Veränderung mit der Aussicht, später einmal zwei Berufe zu haben und jährlich für ein paar Wochen nach Kanada gehen zu können, reichen aus, dass sich Vera physisch und psychisch gut und stabil fühlt. Sie stellt nun fest, dass sie selten so aufgeregt und gut gelaunt ist, wie wenn sie an Kanada denkt und sich selten so traurig fühlt, als wenn die Abreise zurück in die Schweiz bevorsteht. Sie nimmt wahr, dass sich ihr Gefühlsspektrum deutlich verbreitert und intensiviert hat. Sowohl die Freude wie auch die

Trauer sind wohl durch die Angst blockiert gewesen, wie sie selber meint. Beide neu erlebten Gefühle empfindet sie als Bereicherung, denn sie geben ihrem Leben «das Salz in der Suppe». «Außerdem habe ich zum ersten Mal das Gefühl, dass ich richtig lebendig und wach bin und mein Bewusstsein für mich selbst und meine Umwelt erweitert und geschärft habe. Es kommt mir vor, als wäre um mich ein Nebel gewesen, der sich gelichtet hat.»

Kapitel 3

Dritte Strategie: Rechtzeitig handeln

Gefühle und körperliche Signale wahr- und ernst zu nehmen ist sicherlich der erste große Schritt, um die Gesundheit zu erhalten. Unerlässlich ist natürlich auch der Folgeschritt, nämlich das Handeln. Was also ist zu tun, wenn ein Mensch bei sich körperliche und seelische Veränderungen feststellt? Ähnlich wie in meinem Buch «Karriere statt Burnout» verweise ich nachfolgend auf Strategien, die für den Umgang mit schwierigen beruflichen Situationen (Stresssituationen) allgemein von Nutzen sein können.

1. Aufbau eines Hilfsnetzes

Bei körperlichen Beschwerden ist zunächst beim Hausarzt oder einem Spezialisten abzuklären, ob körperlich eine Krankheit vorliegt. Zu hoher Blutdruck, Schwitzen, Zittern, Kurzatmigkeit, Stechen in der Brust können auf Herz-Kreislauf-Probleme hinweisen. Also ist es wichtig zu wissen, ob diese Symptomatiken mit Herzbeschwerden zusammenhängen oder nicht. Ist dies geklärt und findet der Kardiologe keinen physiologischen Zusammenhang, dann könnte auch Stress die Ursache der Beschwerden sein. Vorerst müssen also trotz des Auftretens akuter somatischer Symptome keine körperlichen Anomalitäten vorliegen. Doch bei dauerhaftem Stress kann das Herz zu einem späteren Zeitpunkt dennoch Schaden nehmen. Oft arbeiten die Ärzte in den Herzkliniken mit Psychologen zusammen, denn Stress ist neben Alkohol, Rauchen und genetischen Veranlagungen die häufigste Ursache von Herzproblemen. Wer unter Stresssymptomen wie Zittern, starkes Schwitzen, Muskelbeschwerden, Kopf-, Rücken- und Nackenweh, Konzentrations- und Schlafstörungen oder anderen psychosomatischen Problemen leidet, braucht Hilfe. Dies zu erkennen, bedeutet bereits den ersten Schritt zur Besserung. Ist dieser erste Schritt getan, geht es darum, gemeinsam mit dem Klienten oder der Klientin ein ganzes Netz verschiedener Hilfsmaßnahmen zu entwickeln, die diesen Menschen akut, aber auch längerfristig stützen. Ein solches Hilfsnetz halte ich für außerordentlich wichtig. Natürlich finden Sie ähnliche Angebote oder Interventionsmaßnahmen auch in den psychiatrischen Kliniken. Mein Modell geht davon aus, dass der Betroffene in der Lage ist, zu Hause für sich selber zu sorgen, falls er gut in ein soziales Netz eingebettet ist. Ist er das, dann rate ich in der Regel von einem Klinikaufenthalt ab. Ich empfehle aber, einen Zeitplan zu erstellen, um unterschiedlichen Therapieangeboten Raum zu geben. Der Hintergrund ist der, dass der Betroffene am Wohn- oder Arbeitsort sich ein Hilfsnetz von Entspannungs- und Therapieangeboten aufbaut, welches er auch nutzen kann, wenn er wieder voll in seine Arbeitswelt zurückgekehrt ist bzw. wenn er nach der Bewältigung einer Krise wieder in den «normalen» Alltag eintaucht. Nachfolgend beschreibe ich die Maßnahmen, Techniken und Hilfsmittel, welche ich meinen Klienten in der ersten Gesprächsstunde vorstelle und außerhalb meines Angebots zu nutzen empfehle:

- **Ärztliche Betreuung** halte ich bei schwerem psychischem Leiden ebenfalls für sinnvoll. Hier arbeite ich mit einigen Psychiatern zusammen, welche abklären, ob Medikamente indiziert sind. Der Einsatz von Antidepressiva oder anderen psychopharmazeutischen Mitteln bringt oft relativ schnell Erleichterung für den Patienten. Er schläft etwas besser, seine Konzentrationsfähigkeit verbessert sich und auch die somatischen Beschwerden gehen innerhalb weniger Wochen zurück. Das heißt, mein Klient kann sich auf unser Gespräch besser konzentrieren und bringt die Kraft auf, die neu erworbenen Strategien umzusetzen. Dieses Vorgehen verspricht meist schon bald kleinere Erfolge, sodass der Betroffene recht schnell auf positive Erfahrungen zurückgreifen und motiviert weitergehen kann.

- Gesprächstherapie: Lösungsorientierte Kurzzeittherapie und Systemische Ansätze
  Die Lösungsorientierte Kurzzeittherapie ist eine spezielle Art der Gesprächstherapie. Entwickelt wurde dieser Ansatz von den Psychotherapeuten Steve de Shazer und Insoo Kim Berg. Diese Therapieform geht von dem Standpunkt aus, dass es hilfreicher ist, sich auf Wünsche, Ziele, Lösungen, Ressourcen zu konzentrieren anstatt auf die Probleme und deren Entstehung selbst. Die Kernaussage besteht darin, dass es ein großer Irrtum der Psychotherapie sei zu vermuten, dass zwischen einem Problem und seiner Lösung ein

Zusammenhang bestehe. Von der ersten Frage an wird deshalb direkt auf die Lösung und nicht auf das Problem eingegangen: «Problem talk creates problems, solution talk creates solutions!» (von Schlippe & Schweitzer, S. 35). Der Therapeut unterstützt seinen Klienten darin, den Zugang zu den eigenen Ressourcen wieder herzustellen. Weiter werden Möglichkeiten und mitunter kreative Strategien erarbeitet, damit die Person ihre Fähigkeiten in der als schwierig bezeichneten Situation anwenden kann. «Nicht mehr vom selben tun, sondern etwas anderes tun!» lautet die Intervention. Gestützt wird diese Therapieform durch aktuelle Forschungsergebnisse der Hirnforschung, insbesondere das Konzept der Neuroplastizität. Es besagt, dass das Gehirn seine Struktur und die damit zusammenhängenden Funktionen laufend den neu gemachten Erfahrungen anpasst. Wenn wir also neue Verhaltensmuster einüben, beginnen sich das Gehirn bzw. seine Neuronen entsprechend neu zu vernetzen. Das alte Muster bildet sich durch Nichtgebrauch nicht nur im äußeren Verhalten, sondern tatsächlich auch neurologisch zurück. Der zunächst mentale Fokus auf neue und erwünschte Realitäten bewirkt die tatsächliche Manifestation des gewünschten Zustandes eher als die Vergangenheitsbetrachtungen von unerwünschten Zuständen.

Die Systemische Therapie basiert auf den Werken von Gregory Bateson und wurde im Weiteren geprägt von der Philosophie des Konstruktivismus: Heinz von Foerster und Paul Watzlawick. Der systemische Ansatz geht ursprünglich auf die Familientherapie von Virginia Satir zurück und wurde dann auf Organisationen übertragen. Ein System entsteht dadurch, dass ein Unterschied zwischen den Elementen im System «innen» und «außen» gemacht wird. Wir betrachten also einerseits die sozialen Beziehungen innerhalb einer definierten Gruppe von Menschen untereinander und andererseits die Beziehung der Gruppe oder des einzelnen Menschen zu ihrer bzw. seiner Umwelt. Hierbei zieht der Beobachter eine Grenze zwischen dem sozialen System und der Umwelt. Jedes Unternehmen, aber auch die Familie bietet dem Individuum Gelegenheit, seine Fähigkeiten und Stärken zu entwickeln. Konflikt- und störungsfrei geschieht dies am ehesten dann, wenn das System, vergleichbar mit einem Mobile, im Gleichgewicht ist bzw. Ordnung herrscht. Ist das System im Ungleichgewicht bzw. in Unordnung, dann kann es vorkommen, dass eine oder mehrere Personen versuchen, es ins Lot zu bringen. Diese Anstrengung kann für die Betreffenden Verhaltensstörungen zur Folge haben. Eine oder mehrere Personen entwickeln also ein für sie selber ungünstiges Verhaltensmuster, damit das System nicht auseinanderbricht und eine Art berechenbarer Ordnung entsteht. Jede implizierte Verhaltensänderung führt dann dazu, dass das System an Stabilität verliert und sich in der Folge meist neu organisieren muss. Das heißt, eine Änderung des bisherigen Verhaltensmusters der betroffenen Person hat Auswirkungen auf die Systemstruktur und das Verhalten der anderen beteiligten Personen im System und möglicherweise auch auf die Umwelt des ganzen Systems. Um beim Bild des Mobiles zu bleiben: Das Mobile gerät, sobald eines der Teile eine andere Position einnimmt, kurz ins Ungleichgewicht, bis die anderen Teile sich wieder so positioniert haben, dass ein neues Gleichgewicht entsteht. Dazu ein eindrückliches Beispiel aus dem Berufsalltag: Ein Teamleiter weist eine leichte Angst- und Erschöpfungssymptomatik auf. Nach geraumer Zeit zeigt ein weiteres Teammitglied Anzeichen von Depressivität, Nervosität, Verunsicherung und Ängstlichkeit. Dieses Teammitglied ist zunächst von seinen Gefühlszuständen irritiert und erachtet diese als nicht zur eigenen Person gehörig («Ich bin eigentlich nicht der Typ und sehe auch keinen äußeren Anlass für diesen Gefühlszustand»). Nach und nach akzeptiert diese Person den Zustand jedoch als ihren eigenen. Hier kann es sich um ein ==Phänomen der Übertragung== (C.G. Jung) handeln. Die effektiv von einem psychischen Leiden betroffene Person verlagert ihre Einstellung zu bestimmten beruflichen Ereignissen und die damit verbundenen Gefühle auf einen Mitmenschen. Dieser nimmt, weil er mit solchen Mechanismen vielleicht unvertraut ist, unbewusst diese Gefühlszustände in sich auf und identifiziert sich mit ihnen («Was ist nur mit mir los? Ich fühle mich plötzlich so grundlos niedergeschlagen und verunsichert»). Ich konnte in solchen Fällen beobachten, ==dass beide Personen weder krank noch gesund wirkten. Sie befanden sich in einem eher lethargischen Zustand==, waren aber beide über Jahre beruflich einsatzfähig. Um in der Metapher des Mobiles zu bleiben: Das Mobile hing zwar etwas schief, konnte sich aber gerade noch im Gleichgewicht halten, weil eine an sich gesunde Person den Ausgleich herstellte. Eine kleinere Umstrukturierung veränderte die Situation jedoch abrupt. Das auf diese Weise funktionierende «Gespann» wurde auf unterschiedliche

Teams verteilt. Dies bedeutete für den einen Mitarbeiter die sofortige und vollständige Genesung. Die Lethargie verwandelte sich schon nach Tagen in die gewohnte Lebensfreude, und die Selbstsicherheit kehrte zurück. Die andere Person hingegen reagierte innerhalb von drei Monaten mit einer akuten Burnoutsymptomatik und wurde für sechs Monate krankgeschrieben. Da sich in der Folge nach der Rückkehr dieser Person keine derartige Übertragungsmöglichkeit mehr bot, musste sie aufgrund eines Rückfalls sogar die Stelle wechseln.

Im Systemischen und Lösungsorientierten Ansatz wird der zu Beratende nicht als Patient, sondern als Kunde oder Klient angesehen. Er gilt als Experte für sein eigenes Leben. Therapeut, Berater oder Coach sehen sich als Sparringpartner und sind dem Klienten nicht «voraus». Bei beiden Ansätzen sind Auftragsklärung bzw. genaue Zielsetzung des Therapieziels wesentlicher Bestandteil der ersten Stunde oder sogar Stunden. Daran orientiert sich der Coach in allen Sitzungen. Wird vom ursprünglichen Auftrag des Klienten abgewichen und steht ein anderes Thema neu im Vordergrund, so erfolgt in der Regel eine gemeinsame Anpassung des Auftrages. Normalerweise reichen wenige Termine für die Bearbeitung eines konkreten Anliegens aus. Bei schwereren psychischen und psychosomatischen Leiden mit Erschöpfungszuständen ist meist ein Einsatz von Psychopharmaka indiziert. Damit verlängert sich auch der therapeutische Einsatz um einige Monate und kann – mit Unterbrechungen – über ein Jahr andauern.

- **Traditionelle Chinesische Medizin** (TCM): Akupunktur
Die Behandlung mit Akupunkturnadeln ist die bei uns im Westen wohl bekannteste Methode der Traditionellen Chinesischen Medizin. Nach Vorstellung der Chinesischen Medizin ist der menschliche Körper von einem Meridian-System durchzogen. Diese energieführenden Bahnen befinden sich auf der Körperoberfläche und stehen in Verbindung mit den inneren Organen. Durch die Stimulation spezifischer Punkte, sogenannter Akupunkturpunkte, wird Einfluss auf einzelne Organe genommen. Der Fluss des Qi bzw. der Lebensenergie kann durch die Akupunkturbehandlung entweder angeregt oder gedämpft werden, je nachdem, welche Erkrankung vorliegt. Dünne Nadeln aus Edelstahl werden an bestimmten Punkten gesetzt. Ich empfehle für diese Therapieform die **offiziellen MediQi-Zentren**. MediQi betrachtet die Methoden der Traditionellen Chinesischen Medizin als sinn- und wirkungsvolle Ergänzung der uns bekannten und vertrauten Schulmedizin. Schulmediziner und TCM-Experten arbeiten in diesen Zentren zusammen.
Ich empfehle Akupunktur bei Schlafstörungen und physischen Erschöpfungsgefühlen. Meist reichen insgesamt zehn bis fünfzehn Behandlungen aus, um eine deutliche Verbesserung zu erzielen. Die Gesamtdauer der Behandlung liegt bei fünf bis zehn Wochen. Zusätzlich werden meist natürliche TCM-Heilmittel abgegeben. Sie bestehen aus Heilpflanzen und werden aus China importiert. Die Rezepte werden individuell und speziell für den Patienten und seine Krankheit zusammengestellt. Die natürlichen TCM-Heilmittel sind sehr wirkungsvoll und werden bei der inneren Anwen-

dung in heißem Wasser aufgelöst und ein- bis zweimal täglich getrunken.

- **Craniosacrale Therapie**
Anfang des 20. Jahrhunderts wurde die Lehre der Osteopathie oder manuellen Therapie zur «Craniosacralen Osteopathie» weiterentwickelt. Der amerikanische Forscher und Osteopath Dr. John E. Upledger hat diese Therapie in den 70er Jahren geprägt und 1985 das erste Institut in Florida gegründet, um die Craniosacrale Therapie zu lehren.
Der Begriff «Craniosacral» setzt sich aus den lateinischen Wörtern Cranio (Schädel) und Sacrum (Kreuzbein) zusammen. Der Schädel bildet mit Wirbelsäule, Kreuzbein und Rückenmarkshäuten (Membranen) das Craniosacrale System. In diesem pulsiert die Gehirnflüssigkeit (Liquor) in rhythmischen Abständen, was deshalb Craniosacraler Rhythmus genannt wird. Dieser überträgt sich auf den gesamten Körper. Der Atem ist der Zündfunke, der das System in Gang bringt. Weisen das Craniosacrale System und damit auch der Körper Rhythmusveränderungen auf, bemerkt dies der Therapeut. So erhält er den Hinweis, wo im Körper Irritationen vorhanden sind. Ziel der Behandlung ist, dass der ursprüngliche Rhythmus im gesamten Organismus wieder hergestellt wird. Auf diese Weise soll die Gesundheit des Menschen gefördert und stabilisiert werden. Zudem sollen die eigenen Heilungskräfte und Ressourcen im Menschen angestoßen werden, damit die Selbstheilung erfolgen kann. Diese Arbeit findet mit größter Sorgfalt, Achtsamkeit und Wertfreiheit gegenüber der Persönlichkeit des Klienten statt.

Die Craniosacrale Therapie wird sehr vielseitig eingesetzt, insbesondere auch als Unterstützung in belastenden Lebenssituationen, Rehabilitation, bei vegetativen Problemen wie Schlafproblemen, Erschöpfungszuständen, erhöhter Erregung, Nervosität und Konzentrationsschwierigkeiten. Ich empfehle diese Behandlungsform in Begleitung zur ärztlichen oder psychotherapeutischen Betreuung. Vor allem ist sie geeignet, wenn der Klient für seine Situation die Worte nur schwer findet und ihm das Sprechen schwer fällt. In der Craniosacralen Therapie ist das Gespräch nicht zwingend erforderlich. Der psychologische Prozess wird trotzdem auf einer unbewussten Ebene ausgelöst. Auf diese Weise ist es möglich, dass der Klient mit der Zeit Worte für seine Situation und nach und nach den Zugang zur Gesprächstherapie findet. Oft ist es auch sinnvoll, die Prozessarbeit von beiden Seiten her anzugehen, um diese zu beschleunigen.

- **Shiatsu-Therapie**
Shiatsu ist eine in Japan entwickelte Form der Körpertherapie, die aus der traditionellen chinesischen Massage hervorgegangen ist. Am Anfang des 20. Jahrhunderts wurden in Japan verschiedene Formen der energetischen Körperarbeit mit manuellen Behandlungsmethoden kombiniert und unter dem Namen Shiatsu vereint, um sich von den reinen Entspannungsmassagen abzugrenzen. Wörtlich übersetzt bedeutet Shiatsu «Fingerdruck». Bei uns im Westen gehen wir davon aus, dass der Körper insbesondere von Blut-, Nerven- und Lymphbahnen durchdrungen ist. Nach östlicher Vorstellung verlaufen zusätzlich dazu Energiebahnen durch

den menschlichen Körper, durch die die Lebensenergie Qi fließt. Auf diesen Linien, den Meridianen, liegen auch Akupunkturpunkte der chinesischen Medizin. Shiatsu ist eine energetische Arbeit, weil der Therapeut insbesondere mit den Körperenergien und Akupunkturpunkten arbeitet. Durch Dehnungen, Rotationen und Druckmassage werden diese Energiebahnen und Akupunkturpunkte bearbeitet und die Lebensenergie Qi wieder in Fluss gebracht. Ist der Energiefluss unterbrochen oder besteht ein energetisches Ungleichgewicht im Körper, so kann dies den Organismus langfristig beeinträchtigen. Dann können auch körperliche Beschwerden auftreten.

Ich empfehle die Shiatsu-Therapie für Menschen, die beruflich oder persönlich stark belastet sind. Stehen Körper und Geist unter Stress oder unter hoher Belastung, so befindet sich meist der Organismus in einem energetischen Ungleichgewicht. Dieses kann zu Symptomen wie Verspannungen, Schlafstörungen, Magenproblemen und Erschöpfung führen. Shiatsu bringt körperliche und geistige Entspannung, verbesserte Körperwahrnehmung und emotionale Ausgeglichenheit.

- **Mindfulness-Based-Stress-Reduction** (MBSR)
Die geeignete Übersetzung hierfür lautet am ehesten «Stressbewältigung durch die Übung der Achtsamkeit». Achtsamkeit meint, sich dem unmittelbaren Augenblick zuzuwenden, und zwar in einer wertfreien, annehmenden Haltung. Der Übende konzentriert sich auf das, was er gerade fühlt, denkt und tut, ohne in Grübeleien, Erinnerungen oder Zu-

kunftsplanungen zu verfallen. Ungeteilte Aufmerksamkeit – und darum geht es – kennen wir alle. Es gibt manchmal Augenblicke, wo wir ganz da und ganz konzentriert und wach sind. Diesen Zustand nennen die Psychologen «Flow». Wir sind dann mit etwas beschäftigt, das uns hoch motiviert und begeistert. Ähnliche Zustände erreichen wir auch mit der hier vorgestellten Meditationsform. Diese Technik stammt aus dem Buddhismus und wurde von Jon Kabat-Zinn, Mediziner an der University of Massachusetts, entwickelt. Der Übende setzt oder legt sich hin und atmet ein im Bewusstsein, dass er einatmet. Er atmet aus im Bewusstsein, dass er ausatmet. Weiter wird der Meditierende gedanklich durch seinen eigenen Körper geführt von den Fußsohlen aufwärts zu den Beinen, zum Becken, durch den Rumpf zu den Schultern, von den Fingern über die Arme bis zum Hals, Gesicht und Kopf und wieder zurück. Diese Form des MBSR wird Body-Scan genannt. Auf diese Weise werden die Muskeln gelockert, die Spannungen aufgelöst und die Konzentrationsfähigkeit gestärkt. Es gibt Hinweise, dass MBSR die Rückfallwahrscheinlichkeit bei Depressionen halbiert und Erschöpfungssymptome reduziert. Außerdem wurden gute Ergebnisse zum Beispiel bei Herzerkrankungen und chronischen Rückenschmerzen erzielt.

Gehirnstrommessungen (EEG) zeigen zudem, dass tibetische Mönche, die regelmäßig meditieren, eine höhere Aktivität der Gammawellen (zwischen 30 und 50 Hz) und rhythmischere Gehirnströme aufweisen. Das heißt, dass die Meditation die Gehirnaktivität und den Stoffwechsel positiv beeinflusst. Neueste Forschungsergebnisse deuten außerdem darauf hin, dass das Gehirn nicht nur während der Meditation diese besonderen Leistungen erbringt. Langzeitmeditierende haben in den Regionen für Aufmerksamkeit, Reizverarbeitung und Körperwahrnehmung eine erhöhte Dichte der grauen Gehirnmasse. Das Gehirn erbringt in diesen Bereichen also auch im Alltag und auf Dauer eine bessere Leistung.

Ich empfehle diese Methode denjenigen Menschen, die auf Angst und Stress mit besonders eingeschränkter Konzentrationsleistung, Depressivität, Muskel- und Kopfschmerzen und Immunsystemschwäche reagieren.

- Yoga
  Yoga ist eine der sechs klassischen Schulen der indischen Philosophie. In Westeuropa und Nordamerika denkt man bei dem Begriff Yoga meist an körperliche Übungen. Es gibt jedoch ganz unterschiedliche Richtungen und Werthaltungen, die hinter diesem Begriff stehen. Einige meditative Formen von Yoga legen ihren Schwerpunkt auf die geistige Konzentration, andere mehr auf körperliche Übungen und Atemübungen. Grundsätzlich hat Yoga positive Effekte sowohl für die physische als auch die psychische Gesundheit. Yoga kann unter Umständen zu einer Linderung bei verschiedensten Krankheitsbildern führen, etwa bei Durchblutungsstörungen, Schlafstörungen, nervösen Beschwerden, chronischen Kopfschmerzen oder Rückenschmerzen. Yoga hat auf viele Menschen eine beruhigende, ausgleichende Wirkung und kann somit den Folgeerscheinungen von Stress entgegenwirken. Darüber hinaus kann die mit Atem-

übungen und Meditation verbundene innere Einkehr genutzt werden. Ich empfehle Yoga bei Erschöpfung, Konzentrationsschwierigkeiten, psychosomatischen Beschwerden und bei Schwierigkeiten, den eigenen Körper wahrzunehmen. Yoga stellt eine weitere Möglichkeit dar, die geeignet ist, Stress abzubauen. Außerdem schult eine solche Methode das Körpergefühl. Körperliche Beschwerden können auf diese Weise frühzeitig selber wahrgenommen und oft im Selbstmanagement bewältigt werden.

- **Sport**
Sport scheint für viele Menschen eine gute Ressource zu sein. Ich empfehle meinen Klienten, sich ein- bis zweimal wöchentlich sportlich zu betätigen. Einerseits, weil Sport koronaren Beschwerden vorbeugt und andererseits, weil es die Körperwahrnehmung fördert. Außerdem erhält körperliche Bewegung Muskulatur und Beweglichkeit und fördert die Konzentrationsfähigkeit.
Vorsicht ist bei denjenigen Menschen geboten, die übermäßig Sport betreiben und die sportliche Herausforderung dazu nutzen, den Körper über seine Leistungsgrenze hinaus zu fordern. Solche Menschen erleben darin einen besonderen Kick, ein Hochgefühl. Dies sehe ich als Gefahr an, die normalen körperlichen Bedürfnisse zu unterdrücken und zum Beispiel Schmerzen zu ignorieren. Unter Sport verstehe ich eher moderate Bewegung ohne übertriebenen Ehrgeiz und übermäßige Leistungsbereitschaft.

2. Therapeutische Begleitung: Psychologe oder Psychiater?

Übermäßige Angst führt mit der Zeit zu chronischem Stress und kann erschöpfen. Wenn zudem die eigene Arbeitsleistung als ungenügend empfunden wird, weil Aufmerksamkeit, Konzentration und Durchhaltevermögen verloren gegangen sind und vielleicht noch körperliche Beschwerden auftreten und/oder der Schlaf gestört ist, befindet sich der Betroffene in einer schwierigen psychischen Situation. Wir können dann von einer psychischen Krise sprechen. Krise deshalb, weil die bisher stets verwendeten Strategien nicht mehr ausreichen, um die Situation zu bewältigen. Brechen alte, bekannte Strukturen weg, treten Hindernisse auf dem Weg zu wichtigen Lebenszielen auf und funktionieren die gewohnten Problemlösungsmethoden nicht mehr, so reagiert die betroffene Person mit fortschreitender Verengung der Wahrnehmung und ihrer Handlungs- und Problemlösungsfähigkeiten. Die bisherigen Erfahrungen, Werte, Strategien, Einstellungen und Vorstellungen werden in Frage gestellt. Es entsteht ein Vakuum oder Zwischenraum, und ein Suchprozess nach neuer Stabilität und Struktur beginnt – wobei es sich zu diesem Zeitpunkt meist nur um ein Ausprobieren von neuen Ideen, Handlungsweisen und Einstellungen handeln kann. An diesem Punkt treten alle möglichen, meist schnell wechselnden Emotionen auf, wobei die Angst in diesem Zustand meist das dominierende Gefühl ist. An diesem Wendepunkt, der oft Entscheidungen und eine Neuausrichtung zur Folge hat, erachte ich eine Beratung als günstig. Was die körperlichen Symptome angeht, so wird der Betroffene vermutlich zum Arzt gehen. Findet dieser keine körperlichen Ursachen, dann stellt sich die Frage, ob ein Psychologe oder ein Psychiater beigezogen werden soll. Der Psychiater hat ein abgeschlossenes Medizinstudium, ist meist auf innere Medizin (Psychosomatik) oder Neurologie spezialisiert und hat eine Facharztweiterbildung für Psychiatrie und Psychotherapie absolviert. Nach abgelegter Facharztprüfung ist er Psychiater und im Gegensatz zu den Psychologen berechtigt, Medikamente zu verschreiben und Arztzeugnisse auszustellen. Seine bevorzugte Therapierichtung ist die Psychoanalyse, welche sich mit der Psychodynamik des Unbewussten befasst. Tiefenpsychologische Interventionsformen wenden fast alle Berater an, in der Psychiatrie ist die Arbeit mit psychoanalytischen Konzepten jedoch am meisten verbreitet. Der Arzt stellt eine Diagnose nach Internationaler Klassifikation psychischer Störungen gemäß Weltgesundheitsorganisation (ICD-10). Diese Diagnosestellung und die Klärung bzw. Festlegung des Krankheitsbildes sind nötig, damit die Krankenkasse die Therapie bezahlt.

In einem frühen Stadium von Stress und psychischer Belastung ist selten eine medikamentöse Behandlung mit Psychopharmaka notwendig. In dieser Phase empfehle ich, einen gut geschulten Psychologen aufzusuchen. Der Betroffene wird schon in wenigen, gezielten Gesprächen wichtige Erkenntnisse für den Umgang mit seinen Ängsten gewinnen und an Verhaltens- und/oder Einstellungsänderungen erfolgreich arbeiten können. Zwischen den Sitzungen beim Psychologen oder der Psychologin kann der Klient die neu erworbenen Bewältigungsstrategien üben und anschließend in weiteren Gesprächen reflektieren, bewerten und anpassen. So gibt es eine realistische Chance, innerhalb von vier bis acht Sitzungen das Fortschreiten der Abwärtsspirale bis hin zu einer psychiatrischen Störung zu vermeiden. Psychologen, welche therapeutisch tätig sind und ein Studium der Psychologie und Psychopathologie absolviert haben, sind grundsätzlich in der Lage, eine Lebenskrise von einer psychiatrischen Störung zu unterscheiden. Sie sollten auch in der Lage sein zu beurteilen, ob eine medikamentöse Behandlung und damit eine Überweisung an einen Arzt oder Psychiater angebracht ist oder nicht. Verweise ich einen Klienten an einen Psychiater, so werde ich mich nach Möglichkeit vom Berufsgeheimnis entbinden lassen, um mich mit dem Arzt über den Klienten austauschen zu können. Denn meist führe ich die psychologische Betreuung weiter, während der Arzt die Medikamente verschreibt und deren Wirkung überwacht. Dies setzt natürlich eine gute, vertrauensvolle und einvernehmliche Kommunikation zwischen Klient, Therapeut und Arzt voraus. Für den Klienten oder die Klientin ist es meist vorteilhaft, im begonnenen psychotherapeutischen Prozess verbleiben zu können. Er oder sie muss sich dann nicht auf eine neue Person einstellen, die vielleicht ein ganz anderes Psychotherapiekonzept vertritt. Die Zusammenarbeit mit den Psychiatern gestaltet sich aus meiner Erfahrung meist unproblematisch. Sehr oft ist der gegenseitige Austausch der Ansichten über die Situation des Klienten sehr hilfreich und für alle Beteiligten nutzbringend.

Therapeutisch tätige Psychologen sind nach dem Psychologiestudium entweder den Weg über eine Coaching- oder Psychotherapieausbildung gegangen. Sowohl ein Psychotherapeut wie auch ein Coach mit Studium in Psychologie und Psychopathologie sind grundsätzlich zu einer qualifizierten Beratung befähigt. Meist unterscheiden sie sich in der Anwendung von unterschiedlichen Therapieformen. Hinter jeder Therapieform steht eine eigene Grundhaltung und Weltanschauung, die sich mit der Haltung des Beraters dem Klienten gegenüber decken sollte. Die gängigsten Therapiekonzepte sind heute die kognitive Verhaltenstherapie, systemische Therapie, lösungsorientierte Kurzzeittherapie, Gestalttherapie und die psychoanalytische Therapie. Weiter unterscheiden sich Psychotherapeut und Coach in der Schweiz hinsichtlich der Kassenpflicht. Während der Psychotherapeut in der Regel kassenpflichtig ist (nur mit Zusatzversicherung), ist dies der Coach nicht. Zu bedenken ist allerdings, dass der über die Kasse abrechnende Therapeut, wie der Psychiater auch, eine psychiatrische Diagnose stellen muss. Damit wird der Klient oder Kunde zum Patienten mit einer Krankheit. Nicht zu vernachlässigen ist, dass die Krankheit aktenkundig bei der Krankenkasse hinterlegt ist und unter Umständen von Dritten eingesehen werden kann. Ein Psychologe, der sich für eine Coachingausbildung entscheidet, richtet hingegen sein Angebot von vornherein an die Selbstzahler. Sein Angebot geht meist über das Einzelcoaching hinaus. Nicht selten gibt ein Coach selbst Seminare und berät zudem Unternehmen im Rahmen von Organisations- und Teamentwicklungsfragen. Sein Tätigkeitsfeld liegt eher in der Prävention. Er wird lösungsorientierte Kurzzeittherapien und systemische Therapieformen den psychoanalytischen Settings vorziehen. Im Gegensatz zum Psychologen, Psychotherapeuten oder Psychiater ist sein Titel als Coach bisher keine geschützte Berufsbezeichnung, daher ist bei seiner Auswahl besondere Vorsicht geboten. Die Mitgliedschaft im Berufsverband für Supervision, Organisationsberatung und Coaching (BSO) gibt einen Hinweis darauf, dass ein

Coach eine mehrjährige Ausbildung mit einer Abschlussarbeit (Diplom) und zahlreichen Supervisionsstunden gemacht hat und den Bestimmungen des Berufsverbandes unterliegt.

Ansonsten stehen die Hilfesuchenden einem Dschungel verschiedenster Anbieter gegenüber. Meiner Ansicht nach ist das wichtigste Kriterium für die Auswahl dieses: Coach, Therapeut oder Psychiater sollten die Fähigkeit haben, ein vertrauensvolles Verhältnis (Rapport) mit dem Coachee, Klienten, Kunden oder Patienten aufzubauen. Ist dieses Vertrauen vorhanden, dann ist auch das Vertrauen in die angewendete Therapieform meist mitgegeben. Sind aufgrund einer zusätzlichen psychiatrischen Störung Psychopharmaka indiziert, so empfehle ich gleichwohl eine zusätzliche Gesprächstherapie. Die heutige neuropsychologische Forschung geht davon aus, dass sowohl medikamentöse (Antidepressiva) wie psychotherapeutische Behandlungserfolge zum Beispiel bei Depressiven mit einer Veränderung entsprechender Hirnaktivitäten einhergehen. Das zentrale Gehirnareal ist dabei das limbische System im Mittelhirn. Dieses ist insbesondere für unsere Gemütslage (Emotionen) zuständig. Die Pharmakotherapie dürfte vor allem auf das limbische System wirken und sekundär mit einer Anpassung der Rindengebiete im Frontalhirn (Planen, Ausführen, Durchführen von Gedanken und Handlungen) einhergehen. Umgekehrt dürften psychotherapeutische Verfahren primär eine Funktionsänderung der Hirnrinde zur Folge haben und sich sekundär auf das limbische System auswirken. Das Zusammenspiel von Psychotherapie und Psychopharmakologie scheint daher durchaus erfolgversprechend zu sein. Die Psychopharmaka bewirken, dass die Patienten einer Therapie besser zugänglich sind, weil allfällige körperliche Symptome sich meist abschwächen und der Antrieb bzw. das Energieniveau sich verbessern. So können sich die Betroffenen auf das Therapiegespräch besser einlassen und sich genügend auf das Gespräch konzentrieren. In der Psychotherapie werden einerseits Wege aus der Krise gesucht und andererseits Strategien erlernt, um sich vor einem erneuten physischen und psychischen Einbruch zu schützen. Dies kann allein durch den Einsatz von Psychopharmaka (Antidepressiva) nicht erreicht werden.

3. Auszeit: Ja oder Nein?

Die Frage nach einer Auszeit stellt sich bei großer psychischer Belastung, kombiniert mit körperlicher Erschöpfung, regelmäßig. Natürlich hängt es vom gesundheitlichen Zustand und auch vom jeweiligen Arbeitgeber ab, ob eine Auszeit angebracht und möglich ist oder nicht. Viele Menschen, die eine Krise durchleben und darauf mit Angstsymptomatik und depressiver Verstimmung reagieren, wenden sich zunächst wegen somatischer Beschwerden an den Hausarzt. Dieser hat dann oft selber Psychopharmaka verabreicht und den Patienten für drei Wochen krankgeschrieben. Psychiater handeln häufig nicht anders. Drei Wochen sind insofern sinnvoll, als die Psychopharmaka erst nach rund drei Wochen wirken. Danach ist der Patient auf die Medikamente meist recht gut eingestellt, und die ersten Nebenwirkungen sind abgeklungen. Doch was tut der Patient innerhalb dieser drei Wochen? Häufig bleibt er zu Hause und ruht sich aus. Manche gehen in diesen drei Wochen wöchentlich zum Hausarzt oder Psychiater, um über die Situation zu reden.

Ist ein Klinikaufenthalt nötig geworden, dann wird dort ein spezielles Programm zusammengestellt. Ergotherapie, Entspannungsmethoden, Spaziergänge, Ernährungsberatung, Einzel- und Gruppentherapie und vieles mehr sind dann im Angebot. So erholt sich der Patient auch relativ rasch von seiner Erschöpfung bzw. seiner Angst- und/oder depressiven Symptomatik. Eine Schwierigkeit sehe ich allerdings darin, dass der Betroffene danach an den Arbeitsplatz zurückkehrt und in seiner Umgebung dieses Netz von Therapieangeboten nicht mehr vorfindet. Vielleicht geht er weiterhin in eine Gesprächstherapie, die anderen ergänzenden körperorientierten Methoden geraten jedoch recht schnell ins Hintertreffen und dann in Vergessenheit. Während des ganzen Prozesses wird der Arbeitgeber wenig bis gar nicht einbezogen. Sehr häufig wird er vor ein Fait accompli gestellt, dass einer seiner Arbeitnehmer ganz plötzlich für einige Wochen ausfällt. Je nach Arbeitgeber tauchen Fragen auf, ob man dies nicht im Voraus hätte sich anbahnen sehen können. Fragen nach Schuld und Versagen bleiben meist ungeklärt. Nach der Rückkehr des Arbeitnehmers herrscht häufig eine gespannte Atmosphäre, weil bisher eine offene Aussprache ausgeblieben ist. Die Frage nach einem Rückfall hängt in der Luft. Weder dem Arbeitnehmer noch dem Arbeitgeber will die Zusammenarbeit so richtig gelingen. Dies führt dann häufig erst recht zu einem Rückfall oder gar zur Auflösung des Arbeitsverhältnisses.

Neuere Ansätze, die von einer Auszeit (wenn möglich) absehen, versprechen mehr Erfolg. Natürlich hängt dies auch von der Gesprächsbereitschaft und der Konflikt- und Kommunikationskultur des Arbeitgebers ab. Werden psychologische Themen im Allgemeinen oder psychische Erschöpfung, Angst und Depression im Speziellen in einer Unternehmung offen diskutiert und nicht tabuisiert, stehen die Chancen für eine erfolgreiche Wiedereingliederung gut. Ich habe die Erfahrung gemacht, dass eine offene Diskussion im Team und mit dem Vorgesetzten wohltuend auf allen Seiten wirkt. Es herrscht nun Klarheit über den gesundheitlichen Zustand des betroffenen Mitarbeiters und über seinen Einsatzwillen und seine derzeitigen Fähigkeiten. Außerdem werden Teammitglieder auf psychologische Themen wie Stress- bzw. Angstempfinden sensibilisiert. Am Beispiel eines Teammitglieds können die anderen sehen, wie Arbeitgeber und Arbeitnehmer mit psychologischen Themen umgehen. Sie lernen, welche Strategien nützlich sind, um aus der Krise zu kommen bzw. sich davor zu schützen. Der Betroffene bleibt so lange wie möglich im Arbeitsprozess. Er arbeitet vielleicht nur wenige Stunden am Tag und erledigt wahrscheinlich nur einfachere Arbeiten im Hintergrund – ohne Termindruck. Diese Schonfrist ist auf drei bis sechs Wochen begrenzt. In dieser Zeit besucht der Betroffene wöchentlich eine Gesprächstherapie und baut sich ein interdisziplinäres Hilfsnetz aus Entspannungsmethoden, körperorientierten Therapieformen und anderen Methoden wie Akupunktur, Ernährungsberatung und so weiter auf. Daneben wird möglicherweise eine schon bestehende Freizeitbeschäftigung intensiver betrieben oder mit einer neuen begonnen. Auf diese Weise lernt nicht nur der Betroffene, sondern auch seine Umgebung, dass Termine mit und für sich selber einzuhalten sind. Der Betroffene macht es vor. Da er diese Aktivitäten am Wohn- oder Arbeitsort begonnen hat, kann er auch bei vollem Berufseinsatz darauf zurückgreifen. Die meisten Menschen, die ich betreue, haben es auf diese Weise geschafft, ihre entsprechenden außerberuflichen Termine – mindestens teilweise – auch nach dem Wiedereinstieg aufrechtzuerhalten. Damit beugen sie einem Rückfall aktiv vor, sie betreiben eigentliche Rückfallprophylaxe. Oftmals haben Menschen, die durch ein psychisches Tief gegangen sind, danach sehr gute Strategien im Umgang mit ihren Ängsten erworben. Der Arbeitgeber sollte dies bedenken und darauf den Fokus lenken. Noch viel zu häufig richten die Arbeitgeber ihre Aufmerksamkeit auf die durchlittene Phase. Sie haben Angst vor einer Wiederholung und Chronifizierung dieses Zustands. Das sind Zeichen einer Unternehmenskultur, die das psychologische Moment noch viel zu sehr tabuisiert. Die Tabuisierung erschwert also eine sinnvolle Wiedereingliederung und auch den Versuch, Menschen während einer schwierigen Phase im Arbeitsprozess zu behalten. In solchen Firmenkulturen kann es sinnvoller sein, den Betroffenen für einige Zeit krankzuschreiben.

4. Jobwechsel: Ja oder Nein?

Soll der oder die Betroffene nach einem psychischen Einbruch den Job bzw. das Berufsumfeld wechseln? Das kommt auf die Ursache und Intensität der Probleme und auf die Unternehmenskultur an. In manchen Fällen liegt die Ursache der Krise an den fehlenden oder nicht (mehr) nutzbringend eingesetzten Angstbewältigungsstrategien. Dann können hilfreichere Strategien erarbeitet werden, die die Betroffenen im selben Berufsumfeld anwenden und üben können. Gleichzeitig werden in der Gesprächstherapie innere Ressourcen gestärkt und/oder der Zugang dazu ermöglicht. Manchmal reichen schon vier bis fünf Sitzungen aus, damit der Klient die Abwärtsspirale abwenden kann. Komplizierter wird es, wenn das psychische Tief aufgrund einer Diskrepanz zwischen der eigenen Persönlichkeit bzw. Sinnstruktur und der Berufsrealität entstanden ist. Hier lautet die Frage: Kann ich mich an das herrschende Berufsumfeld anpassen, eine andere Einstellung dazu gewinnen, oder bin ich als Person und Typ so verschieden von dem, was mich umgibt, dass es aus heutiger Sicht keine Chance für eine Anpassung ans berufliche Umfeld gibt? Das führt uns zu folgenden Fragen: Bin ich bereit, den Preis für eine größere Veränderung zu zahlen? Habe ich überhaupt die Möglichkeit und die Fähigkeiten, um den Beruf zu wechseln? Ist es vielleicht eher möglich, privat einen Ausgleich zum Berufsleben zu finden, der die bestehende Diskrepanz aufwiegen kann? Habe ich die Möglichkeit, das Pensum im Beruf zu kürzen, um mehr Zeit für andere Dinge im Leben zu haben?

Kann die Berufsrealität in einer Weise angepasst werden, dass der Klient zufrieden ist, dann braucht es nicht zwingend einen Wechsel des Arbeitsumfeldes. Finden die eigenen Werte, Ziele und damit die Motivation zur Arbeit im bisherigen beruflichen Umfeld jedoch keinen Platz (mehr), scheint ein Berufs- bzw. Stellenwechsel angezeigt. Wenn kein Sinn und keine persönliche Befriedigung aus einer Arbeit abgeleitet werden können, ist die Gefahr eines neuen psychischen Zusammenbruchs groß, weil die individuellen Ängste wiederum überhand nehmen könnten. Schwierig ist es für den Betroffenen, wenn psychologische Themen generell tabuisiert werden. In schwereren Fällen braucht es eine enge Zusammenarbeit zwischen Arbeitnehmer und Arbeitgeber. Offenheit, Entgegenkommen und Transparenz auf beiden Seiten sind eine notwendige Voraussetzung für die Wiedereingliederung des Betroffenen. Sind sie nicht gegeben, bin ich geneigt, mit dem Klienten einen Stellenwechsel ins Auge zu fassen.

Die Frage, ob ein Jobwechsel und/oder eine Auszeit ins Auge gefasst werden sollten, hängt mitunter also auch von der Unternehmenskultur ab und kann damit nicht generell beantwortet werden.

Kapitel 4

Vierte Strategie: Ressourcen aufbauen und psychologische Strategien passend zum jeweiligen Angsttypus anwenden

Es gibt keine allgemeingültigen Strategien, wie jemand sich verhalten sollte, um gesund zu bleiben. Vielmehr hängt es von der Persönlichkeit des einzelnen Menschen ab, was für ihn besonders nützliche Strategien sind, um mit seinen Sorgen und Ängsten umzugehen. Nachfolgend versuche ich, anhand von praktischen Beispielen die für den jeweiligen Angsttyp im Berufsleben meist hilfreichen Strategien herauszuarbeiten.

1. Bewältigungsstrategie für den sozialen Typ: Unterscheide Berufs- und Privatleben und grenze dich ab!

Yvonne M. (39), Ehefrau und Mutter einer vierjährigen Tochter, ist seit einem Jahr Teamleiterin in einer kantonalen Verwaltungsstelle und leidet unter großer Erschöpfung, Schlaflosigkeit und einer nicht abklingenden Erkältungssymptomatik. Emotional fühlt sie sich ausgelaugt, nervös, unruhig und abwechselnd deprimiert und verärgert. Sie beschreibt die Organisation ihrer Abteilung als unstrukturiert und chaotisch. Ständig würden die Aufgaben neu verteilt, und da und dort hätte sie schon Leute auswechseln müssen. Sie beklagt sich darüber, dass alle möglichen Arbeiten und viele Sorgen der Kolleginnen und Kollegen bei ihr auf dem Tisch landen. Sie fühle sich wie «das Mädchen für alles». Im Team gelte sie als erste Anlaufstelle, wobei das Motto – exakt wie bei ihr zuhause – laute: «Mama wirds schon richten!». Natürlich sei sie anfänglich auch stolz gewesen, dass ihre Kollegen ihr so viel zutrauen. Doch nun sei einfach Schluss, es sei zu viel! «Die merken gar nicht, dass ich nicht mehr kann, und tragen weiterhin frisch und fröhlich alles zu mir!» Yvonne M. geht davon aus, dass ihre Kolleginnen selber merken sollten, wann Yvonne überlastet ist. Sie erwartet von ihnen, dass sie in diesen Momenten ihre Arbeit selbstständig erledigen und auf sie Rücksicht nehmen. Sie meint, es sei doch für jeden offensichtlich, dass sie völlig überarbeitet sei. Yvonnes Grundangst ist die Angst vor Ausschluss. Sie hat Mühe, sich von Dritten abzugrenzen und ihre Wünsche und Bedürfnisse klar zu artikulieren. Sie fürchtet, dass sie dann weniger beliebt sein könnte. Muss sie jemanden versetzen oder gar kündigen, bedeutet dies für sie übermäßigen Stress. Ihr Bedürfnis nach Harmonie, Vertrauen und Zugehörigkeit zu einer sozialen Gruppe wird dadurch massiv verletzt. Yvonne glaubt zudem, dass sie stets für andere da sein und helfen müsse. Auf diese Weise verschafft sie sich Anerkennung, Liebe und Vertrauen. Würde hingegen ihre Hilfsbereitschaft nachlassen, so befürchtet sie, dass sich ihr Umfeld von ihr abwendet und nicht mehr mit ihr befreundet sein will. Also sorgt Yvonne für Blumen im Büro, genügend Kaffee und Essbares, chauffiert ihre Kollegen zum Arzt, erkundigt sich nach deren Befinden und erledigt nebenbei liegengebliebene Arbeiten von anderen. Da Yvonne schlecht Nein sagen kann, ist sie darauf angewiesen, dass die anderen merken, wenn ihr die Arbeit über den Kopf wächst. Yvonne hat irgendwann in ihrem Leben folgenden inneren «Glaubenssatz-Satz» entwickelt: «Ich muss immer für die anderen da sein, ihnen zur Verfügung stehen und sehen, dass es den anderen gut geht. Nur wenn ich krank bin, darf ich für mich sorgen und etwas für mich selber tun. Wenn ich krank bin, müssen Dritte auf mich Rücksicht nehmen und mich schonen!» Vereinfacht gesagt heißt das, dass sich Yvonne erst im Krankheitszustand erlaubt, für sich und ihre Bedürfnisse zu sorgen. Unser Körper ist jedoch so programmiert, dass er möglichst gesund bleibt. Yvonne befindet sich also in einem Dilemma: «Erst wenn ich krank bin, darf ich Schonung erfahren.» Doch gleichzeitig wächst die Angst, dass sie aufgrund der nötigen Schonung weniger beliebt sein wird. Daher sind ihre Gefühlsregungen der Wut und Trauer nachvollziehbar. Yvonne glaubt, dass sie auf die anderen wütend ist, weil diese nicht merken, dass es ihr schlecht geht und weil sie sich nicht um sie kümmern. Im Grunde aber ist Yvonne wohl eher wütend und traurig über sich selbst, darüber, dass sie ihren Körper so ausgebeutet hat, nur um auf sich aufmerksam zu machen, damit sie nun endlich etwas für sie tun. Natürlich ist Yvonne vordergründig enttäuscht und wütend auf ihre Kollegen, weil die nicht gemerkt haben, wann sie hätten Rücksicht nehmen müssen. Doch ist es wirklich so, dass andere merken müssen, wann jemand am Rande der Erschöpfung steht und mit der Situation überfordert ist? Ist es nicht vielmehr so, dass der Betreffende selber merken sollte, wann er an seine Grenzen stößt? Sollte er dann nicht klare Signale senden und anderen gegenüber die eigenen Forderungen und Bedürfnisse deutlich formulieren? Yvonne lernt im Gespräch, dass eine vertrauensvolle Beziehung nicht einseitig gestaltet werden kann. Sie stellt erstmals die Frage, was denn ihr Beitrag hätte sein können, damit die anderen hätten merken können, dass sie sich ihr gegenüber rücksichtsvoller hätten verhalten sollen? Jeder Mensch hat Grenzen und muss im Gegenzug die Grenzen des Nächsten respektieren, sonst ist eine Beziehung kaum ausgeglichen und unbelastet zu leben. Yvonne lernt, dass Zurückweisung, Nein-Sagen und Kritik nicht das Ende einer Beziehung bedeuten müssen, sondern, im Gegenteil, sie sogar stärken und festigen kann. Der Mensch braucht Klarheit in einer Beziehung und will auch die Grenzen des anderen kennen. Erst dann kann er diese respektieren. Am Arbeitsplatz arbeitet Yvonne nun an einer klaren Kompetenzregelung. Sie will Kompetenzüberschneidungen möglichst vermeiden. Selber will sie lernen, diese Regeln einzuhalten. Dabei muss sie aushalten, dass Arbeiten auch einmal liegen bleiben. Sie erkennt, dass verschiedene Wege zum Ziel führen. Sie sieht, dass ihre Kollegen die Arbeit anders anpacken und dabei vielleicht auch Fehler machen. Nach und nach zeigen ihr die Erfahrungen, dass Fehler zwar zu Kritik führen können, dass Kritik jedoch nicht das Ende der Arbeitsbeziehung bedeuten muss. Kein Mitarbeiter ist bisher wegen eines Fehlers entlassen oder aus der Gemeinschaft ausgeschlossen worden. Ebenso bedeutet das «Nein» zu einer Bitte nicht zwangsläufig den Entzug von Vertrauen und die Zerstörung von Harmonie. Yvonne erkennt zudem, dass zuerst sie selber gesund sein muss, bevor sie Dritten helfen kann. Und dass sie niemandem wirklich hilft, wenn sie ihm die Arbeit gänzlich abnimmt und ihn damit bevormundet. Sie hilft ihm, wenn sie ihn gut anleitet, seine Arbeit selber zu tun. Sie stützt die Menschen, indem sie versucht, deren Realität wahrzunehmen. Yvonne fragt ihre Kolleginnen und Kollegen heute zum Beispiel viel häufiger nach Ideen, wie sie ihre Situation selber bewältigen könnten und was sie nun genau von ihr oder dem Arbeitgeber brauchen, um das gewünschte Ziel zu erreichen. Dabei erkennt Yvonne gleichzeitig, dass Menschen unterschiedliche Wahrheiten und Realitäten haben und Situationen ganz verschieden beurteilen. Trotzdem können Menschen gut zusammenarbeiten und sich zugehörig zu einem Team fühlen. Es darf also Unterschiede im menschlichen Verhalten und verschiedene Ansichten geben. Diese müssen nicht zwingend Ablehnung und Ausschluss aus einer Gruppe bedeuten. Yvonne wird sich auch in Zukunft als sozialer Typ immer wieder bewusst machen müssen, dass sie im Beruf Arbeitskolleginnen und nicht zwingend enge Freundinnen oder eine zweite Familie vorfindet. Sie wird vermutlich gut daran tun, wenn sie Beruf und Privat trennt und sich ihre Freunde außerhalb des Arbeitsumfeldes sucht. Denn die Vermischung von Freundschaft und Arbeitsbeziehung kann bei der täglichen Arbeit sehr anstrengend werden. Sind wir doch alle bestrebt, in unsere besten Freunde und unsere Familie sehr viel mehr Zeit und Energie zu investieren als in entferntere Kollegen. Eine weitere Eigenschaft des sozialen Typs ist es, sich intensiv mit Aussagen von Dritten auseinanderzusetzen und über ihren Inhalt und Zweck zu grübeln. Zudem vermischen sich die Grenzen zwischen Familienzugehörigkeit und Arbeitsgemeinschaft sehr rasch. Soziale Typen sind generell viel eher als die beiden anderen Typenmuster bemüht, allen alles recht zu machen und einen sehr hohen zeitlichen, praktischen und emotionalen Aufwand für Dritte zu leisten. Darum empfehle ich Yvonne, auch nach Bewältigung dieser Phase regelmäßig alle drei bis vier Wochen in eine Coachingstunde zu kommen. Ich finde es wichtig, dass Einstellungs- und Verhaltensveränderungen nachhaltig verankert werden können. In unvermittelt auftretenden schwierigen Situationen werden nicht selten die alten Verhaltensmuster aktiv. Dies soll frühzeitig erkannt, hinterfragt und verändert werden.

2. Bewältigungsstrategie für den Erkenntnistyp: Bewahre deine Autonomie und habe mehrere Standbeine im Leben!

Leonie T. (33) ist Primarlehrerin. Sie hat jeweils einen Klassenzug der ersten bis dritten und der vierten bis sechsten Klasse unterrichtet. Sie sucht mich auf, weil sie sich nicht entscheiden kann, welchen Klassenzug sie als Nächstes unterrichten soll. Leonie hat darüber bereits Nächte lang nachgedacht, Seiten mit positiven und negativen Argumenten vollgeschrieben und ist trotzdem zu keinem Schluss gekommen. Im Gegenteil, je länger sie sich mit dieser Thematik beschäftigt, desto verwirrter und verunsicherter fühlt sie sich. Energetisch sei sie langsam aber sicher auf einem Tiefpunkt. Dabei sei sie im Normalfall überaus entscheidungsfreudig. «Manchmal denke ich, ich möchte alles hinschmeißen und etwas völlig anderes machen! Wenn ich mir vorstelle, dass ich noch über dreißig Jahre diesen Job machen soll, dann wird mir augenblicklich schlecht! Ist es nicht verrückt, zuerst eine so lange Ausbildung zu machen, um dann nach sechs Jahren Berufserfahrung zu sagen, das wars, jetzt muss was Neues her? Außerdem weiß ich nicht, welcher andere Beruf überhaupt zu mir passen würde.» Für mich hört sich Leonie an, als ob sie Angst vor Stillstand bzw. Routine hätte. Der Gedanke, dass eine Tätigkeit sich über Jahre oder gar Jahrzehnte nicht mehr verändern könnte, löst Angst aus, und darum müssen neue Wege her. Das könnte auch der Grund dafür sein, dass sie sich weder für den einen noch anderen Klassenzug entscheiden kann. Denn beide hat sie bereits einmal betreut, keine der beiden Möglichkeiten ist wirklich neu. Das heißt, Leonie will aus dieser bereits bekannten Tätigkeit entfliehen, um sich weiterentwickeln und Neues erleben und erfahren zu können. Leonie ist unverheiratet, kinderlos und auf ihr Einkommen angewiesen. Sie erkennt, dass sich irgendetwas in ihrem Leben verändern muss, damit sie wieder Ruhe findet und zu Energie kommt. Die Veränderung könnte auch im privaten Bereich geschehen, wie sie plötzlich selber feststellt. Leonie hat einen festen Freund und denkt daran, dass sie heiraten und vielleicht selber Kinder bekommen könnte. Nach mehreren Gesprächen verwirft sie jedoch diese Vorstellung, weil sie meint, dass dieses Vorhaben ihren Freiheitsdrang und ihren Durst nach Weiterentwicklung zu stark beschränken könnte. Außerdem habe ihr Freund zwei Kinder aus erster Ehe, zu denen sie eine gute Beziehung habe, sodass sie im Grunde gut auf eigene Kinder verzichten könne. Sie merkt, dass es ihr nicht so wichtig ist, ob diese Kinder ihre leiblichen Kinder sind oder nicht. Hauptsache, das gegenseitige Vertrauen ist da und die Gespräche sind intensiv und spannend. Im Übrigen sei es für sie viel schöner, dass diese Kinder sie als Menschen und Ansprechpartner akzeptieren, nicht, weil sie ihre Mutter sei, sondern weil sie dies aus freien Stücken tun wollen. Das sei für sie das schönste Kompliment. Schließlich entscheidet sich Leonie, mit ihrem Freund und dessen Kindern zusammen in eine Wohnung zu ziehen. Allerdings entscheidet sie sich gegen eine Heirat und eigene Kinder. Aufgrund der gemeinsamen Wohnung ist Leonie nun finanziell etwas unabhängiger geworden und reduziert ihre Arbeitsstelle, nach Rücksprache mit ihrem Freund, von hundert auf sechzig Prozent. In den verbleibenden vierzig Prozent geht sie an die Universität und studiert Heilpädagogik. Sie meint, dass ihr zwar ein langer Weg bevorstehe, dafür habe sie aber die Aussicht, sich später selbstständig zu machen. Mit dem Ausblick auf Selbstständigkeit erhofft sie sich die größtmögliche Freiheit bei der Gestaltung des Arbeitsalltags und Arbeitsinhalts. «Erstens wäre meine Autonomie so am größten, und zweitens könnte ich mein Leben als ein Ganzes führen. Ich müsste dann mein Leben nicht mehr künstlich in ein privates und berufliches aufteilen. Und es gibt keine Alters-Guillotine zum Zeitpunkt der Pensionierung. Ich kann selber entscheiden, wie lange und wie viel ich später noch arbeiten will.» Außerdem sei der Weg das Ziel. Während ihrer Ausbildung an der Uni erfahre und lerne sie stets Neues und erweitere so auch ihren Freundeskreis. Mit dieser Entscheidung ist die Frage nach dem Klassenzug viel weniger wichtig geworden. Eigentlich ist es ihr gar nicht darum gegangen, ob sie Erst- oder Viertklässler unterrichten will. Vielmehr ist ihr nun klar geworden, dass sie diese Arbeit als Primarlehrerin nicht noch Jahrzehnte machen will. Daher organisiert sie ihr Leben bereits heute neu und schafft sich neue Perspektiven für die Zukunft. Dieser Ausblick gibt ihr ihre Energie und ihre Entscheidungsfreude zurück. Leonie fühlt sich fast wie neu geboren, wie sie selber sagt.

Leonie T. hat einen Partner gewählt, der diese Veränderung mitträgt und sie dabei finanziell und psychologisch unterstützt und motiviert. Dies war bei ihrer Entscheidung für ein Studium und bei gleichzeitiger Reduktion des Pensums wohl sehr wichtig und hilfreich. Weiter hat Leonie begriffen, dass das Studium der Heilpädagogik nicht im Eiltempo durchgezogen werden muss, sondern dass dieses Vorhaben bereits schon ein Ziel ist. «Der Weg ist das Ziel», wie sie sehr schön gesagt hat. Es geht nicht nur um den Studienabschluss an sich, sondern vor allem auch darum, Neues zu sehen, zu lernen und unterwegs zu sein. Wenn Menschen wie Leonie im Leben «ankommen», löst das Angst aus. Angst, nicht mehr entwicklungsfähig zu sein, keine Perspektive mehr zu haben. Solange Leonie die Perspektive hat, später einmal selbstständig arbeiten zu können, sich ausmalen kann, wie das einmal sein wird, und sie neben dem Unterrichten noch studieren kann, hat sie genügend «Standbeine», die ihr Halt im Leben geben. Vermutlich ist es für Erkenntnistypen günstig, wenn sie verschiedene Bereiche im Leben haben, die sie da und dort ausbauen und entwickeln können und die sie vorwärtsbringen. Das Zugehörigkeitsbedürfnis von Leonie scheint befriedigt zu sein, wenn sie einen verlässlichen und interessanten Partner hat. Um sich zugehörig zu fühlen, braucht sie nicht unbedingt verheiratet zu sein oder eigene Kinder zu haben. Es braucht hierfür also keine äußeren, rechtlichen oder biologischen Formen oder Etiketten. Leonie bemisst Zugehörigkeit in der für den Erkenntnistyp typischen Weise nach einem ihr eigenen Gütemaßstab. Dieser orientiert sich an den von ihr selbst definierten Attributen Verlässlichkeit, Interessenvielfalt, spannender Austausch.

3. Bewältigungsstrategie für den Ordnungsstrukturtyp: Erkenne und stabilisiere deinen Selbstwert!

Für Stephan H. (40) stellt sich die Frage, ob er weiter als Team- und Projektleiter in einer Beratungsfirma tätig sein oder ob er kündigen und den ihm angebotenen Job als Direktionsmitglied in einem Industrieunternehmen annehmen soll. Diese Entscheidung macht ihm Kopfzerbrechen. Er leidet unter Schlaflosigkeit, Schwindel und morgendlichem Erbrechen. Er hat begonnen, mehr Alkohol als sonst zu trinken, der Konsum von Beruhigungsmitteln und Schlaftabletten ist angestiegen. Emotional fühlt er sich ausgelaugt und leer. Auslöser dieser Situation ist offenbar eine Ablehnung und Zurückstellung der ursprünglich versprochenen Beförderung zum Bereichsleiter. Begründet wird diese Entscheidung mit Stephans Versagen innerhalb eines wichtigen Projektes.

Stephans Ängste sind: Angst vor dem Gewöhnlich-Sein bzw. Angst, zu den Durchschnittsmenschen zu gehören. Er hat angeblich in einem Projekt versagt und sich damit als fehlerhaft und wenig brillant erwiesen. So wie es anderen auch schon passiert ist. Nur dass sich diese Einschätzung nicht mit Stephans Eigenbild deckt. «Ich bin besser als die anderen. Die anderen bewundern und beneiden mich deswegen.» Bisher hat dieses Eigenbild mit der Realität auch recht gut übereingestimmt. Offenbar hat Stephan in der Schule die Matur als Klassenbester und auch das Studium mit anschließendem Doktorat mit höchster Auszeichnung abgeschlossen. Im Beruf kam er ohne Probleme vorwärts und verdient schon mit dreißig mehr als sein Vater und alle seine Bekannten. Mit Zurückweisung und Kritik hat er offenbar bisher kaum leben müssen. Freundschaften und Partnerschaften habe er, sobald es Schwierigkeiten gab, aufgelöst und sich eine neue Freundin gesucht, mit der er weniger «Stress» gehabt hätte. Das heißt, er stellt sich eine Partnerin vor, die sich gänzlich nach ihm ausrichtet. Sie ist für ihn da, wenn er sie braucht, und sie akzeptiert, dass seine berufliche Karriere Priorität genießt und sie an zweiter Stelle steht.

Einige weitere Gespräche ergeben, dass Stephan Kritik und Zurückweisung als Angriff auf seine ganze Person und Identität auffasst. Er fühlt sich durch sie vernichtet und durchlebt eine regelrechte Selbstwertkrise, sodass er meint, sich in diesem Umfeld nicht mehr blicken lassen zu können. Um diesen Gedanken ertragen zu können, trinkt er regelmäßig Alkohol, bis die Gedanken nachlassen oder weiter weg rücken. Hilft dies nicht, so greift er zu Beruhigungsmitteln und in der Nacht zu Schlaftabletten. Ist er nicht die herausragende und gefeierte Person, wer ist er dann? Eventuelle Fehler, ein mögliches Versagen lassen ihn gewöhnlich werden. Einerseits meint Stephan, dadurch im Sumpf der breiten Masse unterzugehen, und andererseits ist es für ihn äußerst belastend, für Fehler die Verantwortung übernehmen zu müssen und als «schuldig» identifiziert zu werden. Stephans Umfeld hat eine überaus starke Wirkung auf ihn. Dritte scheinen bestimmen zu können, ob sich Stephan in einem Hoch oder in einem Stimmungstief befindet. Loben ihn die Vorgesetzten für seine Arbeit, dann wird er zeitgleich in eine Hochstimmung versetzt, weist ihn hingegen jemand auf einen

Fehler hin, verfällt er sofort in ein energetisches und emotionales Tief. Angenommen, Stephans Vorgesetzte würden sich spontan doch noch für dessen Beförderung einsetzen, wäre Stephans Problem gelöst; seine Beschwerden würden verschwinden. Er sagt selbst, dass er in diesem Fall kaum weitere Anstrengungen unternehmen würde, um seinen Job zu wechseln. Es wäre dann ja erwiesen, dass er recht gehabt hätte und die anderen sich geirrt und fehlerhaft gehandelt hätten. Auch ein Coaching würde er dann nicht mehr benötigen.

Da die Fremd- und Eigenwahrnehmung aber weiterhin auseinanderfallen, ist Stephan gewillt, noch etwas über seine Situation nachzudenken. Allmählich erkennt er, dass er über seine Stimmungs- und Antriebsschwankungen keine Selbstkontrolle hat. Vielmehr bemessen sich seine Energiehöhe und Emotionalität nach den Aussagen von Dritten. Er ist also steuerbar, wie eine Marionette. Die von ihm selbst grafisch nachvollzogene Stimmungs- und Energiekurve zeigt dies auf. Jede Erhöhung der Kurve ist verbunden mit einem Lob oder der wertschätzenden Handlung von Dritten und jedes Tief mit als ablehnend wahrgenommenem Verhalten von Kunden, Teammitgliedern oder Vorgesetzten verknüpft.

Erst mit der Zeit erkennt Stephan, dass geäußerte Kritik nie die ganze Person meint. Kritik ist, im Normalfall, auf eine bestimmte Handlung, ein Handlungsergebnis oder ein bestimmtes Verhalten bezogen und meint selten den Menschen als ganze Person. Kritik hat außerdem oft viel mehr mit der kritisierenden Person selber als mit dem Kritikempfänger zu tun. ==Wir können nur allzu oft beobachten, dass wir selber an anderen gerade das Verhalten kritisieren, welches wir an uns selber nicht mögen.==

Weiter kommt es häufig vor, dass wir Kritik üben, weil wir andere nicht genügend verstanden und ihre Sichtweise und Wahrnehmung nicht genügend abgeklärt haben. Und was wir nicht verstehen, was wir am anderen selber nicht nachvollziehen können, kann uns Angst machen. Angst kann jedoch dazu verleiten, die Welt wieder zu ordnen, Unsicherheiten auszuräumen, und das heißt unter Umständen auch, das Verhalten des anderen als falsch oder fehlerhaft zu bezeichnen. Denn mit der Klassifizierung «wahr» und «falsch» ist eine Ordnung wieder hergestellt, die Sicherheit vermittelt. Diese Sicherheit ist für viele Menschen, insbesondere des Ordnungsstrukturtyps, wichtig.

Stephan erkennt weiter, dass er auch bei Nichtbeförderung einen Doktortitel mit summa cum laude erworben hat und damit weiterhin zur Elite gehören wird. Das heißt, alles, was Stephan bisher geleistet hat, worauf er stolz sein kann, wird bei einer Ablehnung oder Zurückweisung nicht entwertet. Schließlich hat er diese Leistung auch vollbringen können, weil er stets bemüht gewesen ist, alle seine Mitbewerber und Kollegen zu übertreffen und sich über herausragende Resultate von ihnen abzugrenzen. Es gibt also wertvolle Eigenschaften und Ressourcen, die Stephan eigen sind und ihm nicht abgesprochen werden können. Auch dann nicht, wenn Dritte der Meinung sind, dass Stephan im Projekt X versagt hat, weil der Kunde mit seiner Arbeit nicht zufrieden gewesen ist. Bei genauerem Hinsehen auf dieses fehlerhafte Projekt hätte man auch zum Schluss kommen können, dass Stephan seine Sache sehr gründlich und gut gemacht hat, dass aber keine Zeit geblieben ist, um seine Analysen sauber fertigzustellen und sie dem Kunden in Ruhe darzulegen. Hingegen haben sich die Ereignisse beim Kunden überschlagen, es ging sehr hektisch und chaotisch zu und her. Bei näherer Betrachtung dieses Falles könnte man auch die Ansicht vertreten, dass der Kunde zu wenig vorausschauend gewesen ist, Zeichen fehlerhaft und zu schnell interpretiert und sich zu wenig Zeit für die Situationsanalyse genommen hat. Es war der Kunde, der in einen regelrechten Aktionismus verfallen ist und alle die verurteilt hat, die es ihm nicht gleichtaten, sondern Ruhe bewahrt haben. Also war die Kritik an Stephan eher Ausdruck der Frustration des Kunden über sich selber. Er selbst hat sich nicht genügend Zeit für eine gründliche Situationsanalyse genommen. Nun möchte der Kunde innerhalb seiner Firma ebenfalls seine Position retten. Also tut er im Hinblick darauf gut daran, die Schuld für den Misserfolg dem Berater zuzuschieben. Damit hätten wir es beim Kunden mit der Angst vor Identifizierbarkeit zu tun. Nämlich der Angst, für etwas geradestehen und die Verantwortung tragen zu müssen. Solche Menschen finden meist einen anderen, der die Verantwortung für ein Versagen tragen muss bzw. «Schuld» an der Misere ist. Stephan meint daraufhin prompt: «Jetzt haben wir beide einfach gute Gründe gefunden, warum es der andere war und nicht ich, der das Projekt zu Fall brachte!» Mit «Ausreden» und sich etwas selber «Vormachen» hat das aber nichts zu tun. Es geht lediglich um die Erkenntnis, dass es vermutlich beim Scheitern eines Projektes keinen einzelnen Schuldigen gibt, sondern dass auch Umstände, unterschiedlich strukturierte und funktionierende Persönlichkeiten und Kommunikations- und Informationsdefizite oder Missverständnisse dafür mitverantwortlich gemacht werden können. Und natürlich können ganz einfach auch mal Flüchtigkeitsfehler passieren. Bei der Analyse eines Misserfolges geht es oft darum, eine Distanz zum eigenen Gefühl des Versagens und Schuldigseins zu bekommen. Dabei ist es ganz wichtig, den eigenen Wert als stabil anzusehen. Denn trotz Fehlleistungen bleiben die eigenen Ressourcen, erworbenen Fähigkeiten und bisherigen Leistungsausweise bestehen. Ich will damit sagen, dass jeder Mensch sich zu jeder Zeit immer auf seinen Wert, den Selbstwert, besinnen können sollte. Stephan hat erkannt, welchen Wert er in der Gesellschaft, in der Firma, für seine Kunden, für sich selber hat, und er weiß heute, dass dieser Selbst-Wert auch in schwierigen Situationen immer vorhanden ist, auch wenn er ihn vielleicht für kurze Zeit aus den Augen verliert. Gerade für Ordnungsstrukturtypen ist es wichtig zu erkennen, dass die Welt nicht nur nach den Kriterien «schwarz» oder «weiß» bzw. «wahr» oder «falsch» funktioniert. Nur im Strafrecht gibt es eine klare Feststellung von «Schuld» oder «Nichtschuld». Außerhalb der Gerichtsbarkeit sind die Realitäten meist nicht so eindeutig, ihre Beurteilung ist oft eher eine Frage des Blickwinkels, der Erfahrungen und der Interpretation. Es kann auch nicht darum gehen, die Schuld oder Verantwortung um jeden Preis von sich abzuwenden und auf andere zu übertragen. Mit einem stabilen Selbstwertgefühl ist es für viele Menschen einfacher, Dritten gegenüber auch einmal einzugestehen: «Dieses Projekt ist nicht gut gelaufen, und ich als Leiter übernehme die Verantwortung dafür.» Innerlich wohl wissend, dass sie nicht alleine versagt haben, sondern dass es auch die Umstände waren, die zu diesem Misserfolg beigetragen haben. Obwohl Ordnungsstrukturtypen angeben, dass sie ihr Leben im «Griff» hätten und auf Dritte sehr selbstbewusst wirken, sind häufig selbstwertstärkende Maßnahmen im Therapiegespräch notwendig. Denn das Wissen um die eigenen Ressourcen und Fähigkeiten steht bei ihnen selten auf stabilem Boden. Oft fehlt die Fähigkeit zur Introspektion, und das Innenleben solcher Menschen scheint nicht existent zu sein. Diese Leere zu füllen, das eigene Sein zu begreifen und mit eigenen Wertmaßstäben zu erfassen, bedeutet tiefe und langwierige Arbeit.

Stephan hat sich entschlossen, die nächste Beförderungsrunde in der Beratungsfirma abzuwarten, weil ihm die Arbeit als Projektleiter, die Karrieremöglichkeiten und der hohe Lohn sehr gut gefallen. Seine Beschwerden und auch das Suchtverhalten haben deutlich abgenommen, Stephan fühlt sich sehr viel besser als früher. Er baut nun stärker darauf, dass er bisher mit seiner Arbeit sehr gute Erfolge erzielt hat. Stephan beschließt, das Coaching mit mir fortzuführen. Er will herausfinden, wie er sich bei dem fehlgeschlagenen Projekt psychologisch anders hätte verhalten können, um beim Kunden Verständnis für sein Bedürfnis nach mehr Zeit für eine vertiefte Situationsanalyse zu erreichen. Es ist ihm klar geworden, dass es bezüglich einer Situation mehrere Ansichten und Realitäten gibt, die eine «Wahr»- oder «Falsch»-Beurteilung schier unmöglich machen. Dabei gilt es herauszufinden, aus welchem Blickwinkel das Gegenüber wohl die Situation betrachtet und wo dessen Ängste und Schwächen liegen. So kann Stephan ein besseres Verständnis für andere Verhaltensweisen und Ansichten entwickeln und auch die eigenen Reaktionen besser abschätzen.

Kapitel 5

Das Wichtigste in Kürze

Angst zu haben ist das Normalste von der Welt, und wer keine hat, der «lügt oder strotzt vor Dummheit», wie Franz Humer, Verwaltungsratspräsident der Roche, in einem Interview gesagt hat. Angst warnt vor gefährlichen Situationen und hat das Ziel, den Organismus zu schützen und sein Überleben zu sichern. Das Gefühl der Angst und die damit zusammenhängenden Angstreaktionen werden allerdings häufig ignoriert. Wir alle versuchen allzu häufig, die Angst zu vermeiden oder zu unterdrücken. Nicht selten werden dazu Barbiturate, Sedativa bzw. angstlösende Mittel benutzt. Alkohol, Beruhigungs- und Schlafmittel oder gar Drogen können das Gefühl der Angst kurzfristig unterdrücken und die Leistungsfähigkeit über eine kürzere oder sogar mittelfristige Zeitdauer erhalten. Werden Angstgefühle und körperliche Signale, die mit der Angst zusammenhängen, zu lange ignoriert, kann Angst physisch und psychisch krank machen. Es können plötzlich starke körperliche Symptome wie Herzrasen, Schweißausbrüche, Zittern, Schlaflosigkeit, sexuelle Unlust, Magen-, Bauch-, Muskel- und Kopfschmerzen, Appetitlosigkeit und andere Leiden oder Suchtverhalten auftreten. Psychische Reaktionen auf Angst sind häufig: Unruhe, Nervosität, Gereiztheit, Deprimiertheit, Gefühllosigkeit, Konzentrationsmangel, Wutausbrüche, Gedankenkreisen, innere Starre, Denkblockade, Unterwürfigkeit und übertriebene Witzigkeit. Stellen Sie bei sich über längere Zeit eine negative Veränderung bezüglich Ihrer Leistungsfähigkeit, Emotionalität, Ihres Verhaltens im Umgang mit Suchtmitteln oder Medikamenten und bei Ihrem körperlichen Befinden fest, dann ist es nützlich, diesen Zustand frühzeitig mit einer Fachperson (Psychologe/Coach, Psychotherapeut, Psychiater) abzuklären. Bei frühzeitigem Handeln kann oft die Indikation von Psychopharmaka und ein Klinikaufenthalt vermieden werden. Das heißt, dass auch eine Auszeit vom Beruf nicht immer notwendig ist. Mit wenigen gezielten Gesprächen können Verhaltens- oder Einstellungsänderungen erarbeitet werden, die einen nützlichen Umgang mit der Angst möglich machen. Damit haben Betroffene eine gute Chance, das Fortschreiten der Abwärtsspirale bis hin zu einer psychiatrischen Störung zu vermeiden.

Ein Stellen- oder Berufswechsel ist dann ins Auge zu fassen, wenn das berufliche Umfeld den Betroffenen keinerlei Sinnerfüllung mehr zu bringen vermag bzw. wenn die Passung des betroffenen Menschen überhaupt nicht mit dem beruflichen Umfeld übereinstimmt. So zum Beispiel, wenn ein sozialer Typ, welcher hauptsächlich von der Angst vor Ausschluss aus der Gesellschaft getrieben wird, in ein Umfeld von Konkurrenz, Wettbewerb und Machtkämpfen gerät, wie es die Ordnungsstrukturtypen bevorzugen. Wenn immer möglich, ist frühzeitig eine Aussprache zwischen Arbeitgeber, dem Betroffenen und dem Psychologen anzustreben. Die Enttabuisierung von psychologischen Themen ist in den Unternehmen zu fördern. Nur auf diese Weise ist Früherkennung möglich und können krankheitsbedingte Ausfälle minimiert werden. Andernfalls sind Auszeiten und Stellenwechsel die Folge. Mit guten Präventionsmaßnahmen lassen sich die Arbeitsunfähigkeitszeiten in einer Unternehmung zwischen 30 und 40 Prozent minimieren. Manchmal ist aufgrund der psychosomatischen oder psychologischen Leiden nur ein reduzierter Arbeitseinsatz möglich, doch ist dies sowohl für Arbeitnehmer wie Arbeitgeber besser als die vollständige Krankschreibung. Der Arbeitnehmer verbleibt im Arbeitsprozess und kann während dieser Zeit sein eigenes interdisziplinäres Netz am Arbeits- oder Wohnort aufbauen und die in der Gesprächstherapie gewonnenen Erkenntnisse am Arbeitsplatz direkt anwenden und ausprobieren. Ebenfalls können verschiedene alternativmedizinische Angebote, Körpertherapie, Entspannungs- und Meditationsformen, Sport und Hobbys neben dem reduzierten Arbeitseinsatz getestet und, falls hilfreich, weiter genutzt werden, wenn der Betroffene wieder voll arbeitet. Auf diese Weise wird er auch Vorbild für andere Mitarbeiter. Gleichzeitig beinhaltet ein solcher Weg auch eine Rückfallprophylaxe. Dies dürfte für beide Seiten – sowohl Arbeitnehmer wie Arbeitgeber – von höchstem Interesse sein. Werden Ängste ernst genommen und entsprechend früh behandelt, reduziert sich also einerseits das Ersterkrankungs- und andererseits – nach einer Erkrankung – das Risiko für einen Rückfall in psychisches und psychosomatisches Leiden. Eine sehr wichtige Voraussetzung dafür ist, dass der Mensch seine besonderen Ängste kennt, dass er weiß, ob er eher zum sozialen Typ, zum Erkenntnis- oder Ordnungsstrukturtyp bzw. zu welcher Mischform er gehört. Wer seinen Angsttyp kennt, der kann lernen, mit seinen spezifischen Ängsten hilfreich umzugehen, indem er die für ihn nützlichen und typgerechten Bewältigungsstrategien anwendet.

Literatur

Antonovsky, A. (1979). Health, Stress and Coping. San Francisco: Jossey-Bass.
Barlow, D. (2004). Anxiety and its disorders. The nature and treatment of anxiety and panic. New York: The Guilford Press.
Byung-Chul, H. (2005). Was ist Macht? Stuttgart: Reclam.
Craske, M. (1999). Anxiety disorders. Psychological approaches to theory and treatment. New York: Basic Books.
Davison, G., Neale, J. & Hautzinger, M. (2007). Klinische Psychologie. Weinheim: Beltz.
Dilling, H., & Freyberger, H. (2006). Internationale Klassifikation psychischer Störungen (ICD-10): Mit Glossar und diagnostischen Kriterien ICD-10: DCR-10. Bern: Hans Huber.
Enzler Denzler, R. (2009). Karriere statt Burnout. Die Drei-Typen-Strategie der Stressbewältigung für Führungskräfte. Zürich: Orell Füssli.
Enzler Denzler, R. (2005). Berufliche Zielqualität und Stressempfinden bei älteren Arbeitnehmern – eine Untersuchung

im Finanzdienstleistungsbereich. Universität Zürich: Philosophische Fakultät.

Fabian, E. (2010). Anatomie der Angst. Ängste annehmen und an ihnen wachsen. Stuttgart: Klett-Cotta.

Fiedler, P. (2007). Persönlichkeitsstörungen. Weinheim: Beltz

Foucault, M. (2005). Subjekt der Macht. In D. Defert & F. Ewald (Hrsg.). Analytik der Macht (S. 240–263). Frankfurt a. M.: Suhrkamp.

Frankl, V. (2006). … trotzdem Ja zum Leben sagen. München: Deutscher Taschenbuch Verlag.

Han, B.-Ch. (2005). Was ist Macht? Stuttgart: Reclam.

Hell, D. (2007). Depression. Was stimmt? Freiburg: Herder.

Hell, D. (2006). Welchen Sinn macht Depression? Ein integrativer Ansatz. Reinbek: Rowohlt.

Hell, D. (2002). Seelenhunger. Freiburg: Herder.

Hillert, A. & Marwitz, M. (2006). Die Burnout Epidemie – Oder brennt die Leistungsgesellschaft aus? München: Beck.

Hüther, G. (2009). Biologie der Angst. Wie aus Stress Gefühle werden. Göttingen: Vandenhoeck & Ruprecht.

Jung, C.G. (1995). Die Archetypen und das kollektive Unbewusste (9/1). Düsseldorf: Walter-Verlag.

Jung, C.G. (1999). Praxis der Psychotherapie: Beiträge zum Problem der Psychotherapie und zur Psychologie der Übertragung (16). Düsseldorf: Walter-Verlag.

Kypta, G. (2006). Burnout erkennen, überwinden, vermeiden. Heidelberg: Carl Auer.

Loehr, J. & Schwartz, T. (2003). Die Disziplin des Erfolgs. Von Spitzensportlern lernen – Energie richtig managen. München: Econ.

Morschitzky, H. (2008). Die Angst zu versagen und wie man sie besiegt. Mannheim: Patmos.

Riemann, F. (2009). Grundformen der Angst. Eine tiefenpsychologische Studie. München: Reinhardt.

Satir, V. (2004). Kommunikation Selbstwert Kongruenz – Konzepte und Perspektiven familientherapeutischer Praxis. Paderborn: Junfermann.

Satory, G. (1997). Angststörungen. Theorien, Befunde, Diagnostik und Behandlung. Darmstadt: Wissenschaftliche Buchgesellschaft.

Schmid, W. (2007). Mit sich selbst befreundet sein. Frankfurt am Main: Suhrkamp.

Schütz, D. (2008). Herr der UBS. Der unaufhaltsame Aufstieg des Marcel Ospel. Zürich: Orell Füssli.

Somm, M. (2009). Christoph Blocher. Der konservative Revolutionär. Herisau: Appenzeller Verlag.

Steiner, V. (2007). Energy. Energiekompetenz. Produktiver denken. Wirkungsvoller arbeiten. Entspannter leben. München: Knaur.

Storch, M. & Krause, F. (2009). Selbstmanagement – ressourcenorientiert. Bern: Huber.

Varga von Kibéd, M. & Sparrer I. (2009). Ganz im Gegenteil. Tetralemmaarbeit und andere Grundformen Systemischer Strukturaufstellungen – für Querdenker und solche, die es werden wollen. Heidelberg: Carl-Auer.

Volkan, V. & Ast, G. (2002). Spektrum des Narzissmus. Göttingen: Vandenhoeck & Ruprecht.

Von Foerster, H. & Pöksen, B. (2008). Wahrheit ist die Erfindung eines Lügners. Gespräche für Skeptiker. Heidelberg: Carl-Auer.

Von Schlippe, A. & Schweitzer, J. (2007). Lehrbuch der systemischen Therapie und Beratung. Göttingen: Vandenhoeck & Ruprecht.

Watzlawick, P. (2006). Wenn du mich wirklich liebtest, würdest du Knoblauch essen – Über das Glück und die Konstruktion der Wirklichkeit. München: Piper.

Weitmann, A. (2010). Madoff. Der Jahrhundertbetrüger. Chronologie einer Affäre. Zürich: Orell Füssli.

Zeitler, H. & Pagon, D. (2000). Fraktale Geometrie – Eine Einführung. Wiesbaden: Vieweg.

Adressen und Links

Autorin
http://www.psylance.ch

Berufsverband für Supervision, Organisationsberatung und Coaching (BSO)
http://www.bso.ch

Föderation der Schweizer Psychologen (FSP)
http://www.psychologie.ch

Körpertherapieangebote
http://www.craniosuisse.ch
http://www.mediqi.ch
http://www.shiatsuverband.ch

Stress
Stressabbau und Stressprävention am Arbeitsplatz (stressnostress)
http://www.stressnostress.ch/Start/start.html

Zentrum für Angst- und Depressionsbehandlung Zürich (ZADZ)
www.zadz.ch

Zur Autorin

Ruth Enzler Denzler (1966) absolvierte zwei Studien in Jura und Psychologie an der Universität Zürich. 2008 promovierte sie in Psychopathologie zum Thema «Burnout aus ressourcenorientierter Sicht». Ihre langjährige Berufserfahrung reicht von der politischen Kommunikationsberatung bei einem Wirtschaftsdachverband über verschiedene Führungsfunktionen bei einer Schweizer Großbank. Heute führt die Autorin ein eigenes Unternehmen, Psylance AG, Ressourcen Management & Coaching, in Zollikon bei Zürich. Sie arbeitet als systemische Organisationsberaterin, Supervisorin und Teamcoach und berät im Einzelcoaching Führungskräfte zur Burnoutprophylaxe und Wiedereingliederung nach Stresserkrankung. Ihr letztes Buch «Karriere statt Burnout» ist 2009 bei Orell Füssli erschienen.

Weitere Titel aus dem Orell Füssli Verlag

Sigrid Engelbrecht

Ich müsste, wollte, sollte ...
Erste Hilfe für chronische Aufschieber

Es ist eine regelrechte Volkskrankheit: Getreu dem Motto «Morgen ist auch noch ein Tag» entledigen wir uns durch Aufschieben lästiger Aufgaben. Die uns spätestens am nächsten Tag doch einholen! Die gute Nachricht ist: Das Aufschiebe-Laster lässt sich überwinden.

Ob Steuererklärung, Besuch beim Zahnarzt oder Gespräch mit dem Vorgesetzten: In nur sieben Schritten zeigt Sigrid Engelbrecht, wie wir Prioritäten setzen, Durchhaltevermögen entwickeln und Aufgaben in der vorgesehenen Zeit abschließen. Mit Selbsttests, Übungen und Merkblättern lässt sie uns ganz praktisch erfahren, wie wir mit Einstiegsblockaden und Durchhaltehängern am besten umgehen. Es winkt das schöne Ziel, nichts weniger als ein freierer Mensch zu werden.

192 Seiten, gebunden,
ISBN 978-3-280-05397-3

orell füssli Verlag

Ruth Enzler Denzler

Karriere statt Burnout
Die Drei-Typen-Strategie der Stressbewältigung für Führungskräfte

Spitzenführungskräfte verraten, wie sie permanentem Leistungsdruck standhalten und in jedem Alter erfolgreich bleiben – ohne Burnout.

Lässt sich Burnout in der Topetage überhaupt vermeiden? Die Autorin hat die Belastungsfähigkeit von Spitzenführungskräften in einer eigenen Studie untersucht. Sie unterscheidet drei Typen von Menschen, die ganz unterschiedliche Situationen als Belastung empfinden. Die einen leiden unter Machtverlust, die anderen unter einer schlechten Work-Life-Balance oder fehlenden Entwicklungsmöglichkeiten. In diesem Buch findet jeder Leser seinen «Typ» und die dazu passenden, maßgeschneiderten Stressbewältigungsstrategien. Die Hinweise zum Umgang mit den eigenen Ressourcen berücksichtigen speziell Führungskräfte und ältere Arbeitnehmer. Die einen leiden unter Machtverlust, die anderen unter einer schlechten Work-Life-Balance oder fehlenden Entwicklungsmöglichkeiten. In diesem Buch findet jeder Leser seinen «Typ» und die dazu passenden, maßgeschneiderten Stressbewältigungsstrategien. Die Hinweise zum Umgang mit den eigenen Ressourcen berücksichtigen speziell Führungskräfte und ältere Arbeitnehmer.

In diesem Buch findet jeder Leser die zu seinem Typ passenden Stressbewältigungsstrategien. *manager magazin*

176 Seiten, gebunden, ISBN 978-3-280-05318-8

orell füssli Verlag